ये सच है,
यही सच है ।

हिन्दी कविता संग्रह

राजेश सिन्हा

Qurate
quratebooks.com

ये सच है, यही सच है ।
राजेश सिन्हा

प्रथम आवृत्ती : २०२३

मधु सोम (प्रतिलिपी संपादक)

प्रकाशक

Qurate
qauratebooks.com

क्युरेट बुक्स प्रायव्हेट लि.
एफ १६, एल्फ्रान प्लाझा, पणजी – गोवा
मो: १८०० २१० ६५२६

ISBN : 978-93-5898-144-5

मन की बात

हमको आपको जिंदगी में क्या चाहिए कुछ सच्ची बातें कुछ अच्छी बातें। और क्या चाहिए बस थोड़ा सा सुकून, थोडा सा प्यार, थोड़ा सा सहयोग और थोड़ा सा सामंजस्य। ये सब एक जगह एक घर में एक शहर में कहाँ मिलता है ज़नाब। इसके लिए लड़ना पड़ता हैं, जद्दोजहद करना पड़ता है। रात दिन उम्मीद में गुज़ारने पड़ते है।

ये भी सच ही है की प्यार हो जाये तो नफ़रत झेलनी पड़ती है, नफ़रत हो जाये तो ज़िल्लत झेलनी पड़ती है, और ज़िल्लत में खाना पीना उठना बैठना सब हराम हो जाता है। शहर की सोचूं तो क्या सोचूं, कत्लेआम, जलजले, अपहरण, डकैती, बलात्कार, उदासी खँडहर–खँडहर सड़कें, बिगड़ा हुआ सूरत–ए–हाल। कुछ कहो या सड़क पर जाओ तो मुंह–की खाओ, चुप रहो तो दिल को नाराज़ करो, ज़िंदगी को परिभाषित करना अब मुश्किल हो गया है। शहर की ज़िन्दगी, गाँव की जिंदगी, अपनी जिंदगी, औरों की जिंदगी, बदहाल जिंदगी, खुशहाल जिंदगी, भाई कौन सी है ये जिंदगी जो हम जीते है ? इसमे कुछ फैसले बहुत कठिन होते हैं और यही फैसले एक दिन जिंदगी बदल देते हैं। हमको नहीं मालूम की वो फैसला कौन सा होगा जो जिंदगी बदलेगा।

किस मुश्किल दौर से गुजर रहे है हम कि भावनाओं को अभिव्यक्ति करने का साधन नहीं मिलता और उसे सामर्थ्य, आशा और संघर्ष के माध्यम से अपने जीवन को सहारा दे इसका कोई रास्ता नहीं मिलता। तो जाएँ तो जाएँ कहाँ।

किसी ने कहा कि जो व्यक्ति अपने काम में बहुत मेहनत करता है और आलसी नहीं होता, वह अक्सर सफल होता है और जो व्यक्ति आजीविका के लिए शारीरिक श्रम नहीं करता, वह आलसी माना जाता है। पर वह आलसी कभी-कभी चौका देने वाले काम करके सबको हैरान भी कर देता है । लोग कठिन जीवन को नहीं अपनाते, वे सार्थक जीवन नहीं जीते।

कठोर जीवन से न केवल व्यक्ति को बल्कि पूरे देश को लाभ हो सकता है। वह कठोर जीवन के विस्तार के रूप में साम्राज्यवाद की वकालत करते हैं।

हमें देश, परिवार और समाज के भीतर या बाहर किसी भी प्रकार के नैतिक या शारीरिक संघर्ष से पीछे नहीं हटना है, बशर्ते कि हम इस बात के प्रति आश्वस्त हों कि संघर्ष उचित है, क्योंकि केवल संघर्ष के माध्यम से, कठिन प्रयास के माध्यम से ही हम अंततः सच्चे लक्ष्य को प्राप्त कर सकेंगे।

ये सच है, यही सच है पढ़ने के बाद आपको प्रत्येक रचना सच्ची लगेगी। यहाँ वाक्यांश अपने जीवन से अत्यधिक जुड़ गया है। परन्तु आज का परिवेश बदल गया है । आज के संघर्षशील वो लक्ष्य नहीं पाते जो उनको पाना चाहिए और नाकाबिल सारा लाभ ले जाते है और खुश रहते है। जब ऐसा होता है तो संघर्षशील व्यक्ति कुंठित हो जाता है और उसके मन को बहुत ठेस लगती है। वो धीरे धीरे अपने व्यक्तित्व की पहचान खोने लगता है। कभी मेहनत से काम न करने वाला व्यक्ति जब सफलता पा जाता है तो वह अहंकार से भर जाता है। यहाँ यह बात भी चौकाने वाली है की ऐसा अहंकारी, निष्काम व्यक्ति सफलता की सीढ़ियाँ चढ़ता जाता है और धन दौलत से परिपूर्ण हो जाता है।

शायद इसलिए एक कवि ज़िंदगी को जितने सूरतों में देखता है, उस को अपने तौर पर पेश करता है । ज़िंदगी के हुस्न की कहानी हो या उस की बदसूरती का बयान सब को अपने दामन में समेट कर चलती है । इस का अंदाज़ा यहाँ प्रस्तुत संकलन ये सच है,यही सच है से लगाया जा सकता है । ये सच है पढ़ने के बाद आपको यदि कुछ बदला बदला लगे तो उस बदलाव को अपने शब्दों में ढाल कर मुझे अवश्य अवगत कराएं ।

प्रस्तावना

सच जिसे सुनने के बाद कोई सहन नहीं कर पाता, ऐसे शब्द जो लोगों के दिलों में इस कदर चुभ या उतर जाएँ कि उन्हें सुनने के बाद लोगों को यकीन ही नहीं होता कि ये जिंदगी का सच है। आज के समय में लोग थोड़ी सी खुशी के लिए झूठ सुनना और बोलना पसंद करते हैं, जो कि आज के समय में आम बात हो गई है। लेकिन हमेशा जो आपके सामने सच्ची बाते बोलता है अकसर वही लोग आपके अपने होते जो बिना किसी मतलब या स्वार्थ के आपसे रिश्ता रखता है।

इसी विषय को लेकर इस पुस्तक में कविताओं के माध्यम से जो भी कहा गया है वो सच सा लगता है। कविता को पढ़ते समय आप को सब कुछ सच लगेगा । कुछ अच्छी और सच्ची बाते के बारे में बात करेंगे जो हर किसी के लिए एक आईने की तरह काम करेगी। इन कविताओं द्वारा हम सच और सिर्फ सच का ही मूल्यांकन करेंगे। सच जो है दूध की तरह होता है जिसको हम आसान से किसी के साथ मिश्रित नहीं कर सकते।

इस पुस्तक में हम आपके साथ जीवन के बारे में कुछ सच्ची बातें साझा करने जा रहे हैं जैसे क्रोध की बातें, प्यार की बातें, शृंगार की बातें, राजनीति की बातें, राजनैतिक कटाक्ष की बातें एवं सामाजिक परिवेश में आने वाली बहुत सी घटनाओं के बारे में बातें जो सचमुच सच्ची ही है क्योकि पढ़ने के बाद वह आपके दिलों दिमाग में अवश्य उतर जायेंगी।

दोस्ती कैसी होनी चाहिए ये भी एक बड़ा सवाल है। तो ज़रा हम पढ़ते है की अगर दोस्त हो तो कैसा हो। दोस्त कैसा हो बस मेरी समझ जैसा हो ये सच है, मेरे जैसा कहे, मेरे जैसा रहे, मेरे जैसा सोचे यही सच है।

इस पुस्तक में ऐसे बहुत सारे विषय हैं जिन पर इसमें संवाद हुआ है। मुझे विश्वास है की इस पुस्तक को पढने के बाद आप भी लगभग प्रत्येक रचना को कहेंगे हाँ ये सच है। यही सच हैं

श्रीमती नीता सिन्हा
सेवानिवृत्त अध्यापिका केंद्रीय विद्यालय संगठन
एवं प्रबुद्ध पाठक, लेखिका एवं विचारक

पूर्व प्रकाशित पुस्तकें 'एक लेखा जोखा'

प्रथम पुस्तक - "जीवन की आपा-धापी में"

यह पुस्तक कोरोना काल में प्रकाशित हुई थी और इसका प्रचार प्रसार भी कम ही हो पाया था इसके पश्चात भी सर्वाधिक पुस्तक लोगों ने पसंद की । यह पुस्तक बिहार, उत्तर प्रदेश एवं दिल्ली के पुस्तक मेले में भी रखी गई थी। जिसका भरपूर प्रतिसाद मिला। पहली पुस्तक होने के नाते पूरी टीम ने उच्चस्तर का योगदान दिया तब ये पुस्तक उन दिनों प्रकाशित हो पाई इसलिए प्रकाशन धन्यवाद और बधाई के पात्र है जिन्होंने कोरोना काल में भी छपाई आदि का कार्य कर इस पुस्तक को इतना सम्मान दिया।

द्वितीय पुस्तक - "प्रीत बांधे खड़ी गठरी"

यह पुस्तक भी कोरोनो काल के अंतिम चरण में प्रकाशित हुई थी। इसमें भी प्रकाशन की टीम की सराहनीय भूमिका रही है। इस पुस्तक को रोमांटिक विषयों पर रूचि रखने वाले पाठकों ने बहुत सराहा था, प्रीत बांधे खड़ी गठरी का शीर्षक, कविताओं की मौलिकता व प्रेम की भावुकता ने इस पुस्तक को रोचक बनाया।

तृतीय पुस्तक - "उकेर कर मन को"

उकेर कर मन को ह्रदय स्पर्शी कविताओं का संग्रह है। पाठकों के मन को, ह्रदय को, सोच को, विचार को क्रमबद्ध छूने का कार्य किया है। क्रोध से लेकर प्रेम की सुन्दर अभिव्यक्ति है इस पुस्तक में छपी सभी कवितायें जो पढ़ते-पढ़ते

आपको किसी और दुनिया में ले जायेंगी।

चौथी पुस्तक - "ख्वाब-ओ-ख्याल अच्छा है"

ख्वाबों की उड़ान इतनी ऊंची होती है कि उसको पकड़ना आसान नहीं होता। ऐसी उड़ान सब भरते है, सब ख्वाब देखते है। ख्याल तो हरेक जेहन में आते हैं। अच्छे बुरे, छोटे बड़े और खट्टे मीठे भी लेकिन किसी ख्याल को शब्द देने का हुनर हरेक के पास नहीं होता और हुनर भी ऐसा कि जो सुने या पढ़े तो हर वो शब्द खुद अपनी पंक्तियां और फिर कविता लगने लगें। उन शब्दों में छुपे खयाल से वो इस कदर जुड़े मानो वो इसी के लिए ही जीवित हो।

कदाचित इस पुस्तक का इतना ही परिचय पर्याप्त नहीं है परन्तु यह कहने के लिए पर्याप्त है की ये पुस्तक है कुछ ऐसी की पढ़ी तो चैन नहीं मिलेगा और ना पढ़ी तो भी चैन नहीं मिलेगा।

श्री राजेश सिन्हा की रचनात्मक यात्रा पर प्रबुद्ध पाठकों के विचार

१) सुश्री विद्या राव

सलाहकार नई दिल्ली : ज्योतिष, वास्तु एवं उपचार

श्री राजेश सिन्हा जी को मैं कई वर्षों से एक व्यवसायी के रूप में जानती हूँ, लेकिन वे इतने अच्छे लेखक भी हैं–यह कुछ समय पहले ही समझ में आया।

उनकी हाल में प्रकाशित कविता–संग्रह में परिहास, प्रेम, क्रोध और राजनीतिक कटाक्ष प्रमुख विषय के रूप में उभर कर सामने आते हैं।

राजनीतिक कविताओं में उन्होंने हिंदुत्ववादी, सांप्रदायिक और जनविरोधी कार्यों में लिप्त सत्ता एवं व्यवस्था के प्रति तीखी प्रतिक्रिया व्यक्त की है।

इन कविताओं में श्री राजेश सिन्हा ने अपनी सोच को आम जनमानस की सोच से जोड़ा है। वे अपने बारे में किसी भ्रम या मुग़ालते में नहीं रहते स्पष्टता और साफगोई उनके जीवन का हिस्सा है और शायद इसी कारण वे प्रेम, क्रोध, नफ़रत और हास्य जैसे विविध भावों को इतनी सशक्तता से व्यक्त कर पाते हैं।

उनकी पुस्तक 'उकेर कर मन को' केवल कविताओं का संग्रह नहीं, बल्कि देश में घट रही घटनाओं को एक नए दृष्टिकोण से देखने का प्रयास है।

इस संग्रह में उनकी सहमति और असहमति, दोनों का स्पष्ट और सशक्त चित्रण किया गया है। कुछ कविताएं सत्य घटनाओं पर आधारित हैं, जिन्होंने देश के जनजीवन को गहराई से प्रभावित किया।

मुझे न केवल आशा, बल्कि पूर्ण विश्वास है कि उनकी रचनाएं मानव मन के जज़्बातों को एक नई दिशा प्रदान करेंगी।

२) श्री कुलदीप सिन्हा

सेवानिवृत्त निर्देशक फिल्म्स प्रभाग , पूर्व कार्यकारी अधिकारी फिल्म सेंसर बोर्ड तथा सिनेमा क्षेत्र के जाने माने लेखक।

मैंने श्री राजेश सिन्हा की सभी पुस्तकें पढ़ी है पुस्तकें ज्ञान, अनुभव और विचारों का खजाना हैं। वे हमें नई दुनिया में ले जाती हैं, हमारी सोच को विस्तृत करती हैं और हमारे व्यक्तित्व को निखारती हैं। इनकी पुस्तकें न केवल भावनाओं बल्कि प्रेरणा और आत्मचिंतन का भी स्रोत हैं। भावनात्मक कवितायें हमारे ह्रदय को छू लेती हैं, जो हमारे भीतर गहरी संवेदनाएँ जागृत करती हैं।इनकी पुस्तकें प्रीत बांधे खड़ी गठरी , उकेर कर मन को व ख्वाबो ख्याल अच्छा है, प्रेम करुणा, संघर्ष, आत्मअन्वेषण और मानवीय संबंधों पर केंद्रित हैं। कई बार ऐसी किताबें हमारे विचारों और भावनाओं पर गहरा असर छोड़ती हैं।

३) श्री सुरेंद्र नाथ श्रीवास्तव

अवकाशप्राप्त अभियंता उत्तर प्रदेश निर्माण निगम मर्यादित, लखनऊ

हिंदी कविताओं के लेखक श्री राजेश सिन्हा की सोच को प्रदर्शित करने वाली रचनाओं से अवगत होती है। ये आधुनिक युग के मूडी कवि है जिन्होंने कभी प्रसिद्धि पाने के लिए कविताओं की रचना नहीं की। वे आज भी चर्चित नहीं है और वो अपने शौक से लिखते है और शौक से सोशल मीडिया में पोस्ट करते है। यह एक सर्वविदित तथ्य है की उनकी कविताओं में सब कुछ है जो

पाठक पढ़ना चाहते हैं। वैसे हास्य उनका विषय कभी नहीं रहा फिर भी हास्य के ज़रिये उन्होंने सांकेतिक भाषा में चुटकियाँ ली है जिसे पढ़कर आनंद आता है। मैं चाहता हूँ की वे ऐसे ही लिखते रहे।

पिता को समर्पित

पिताजी आज आप मेरी दहलीज पर होते
तो कितना अच्छा होता,
आज न भटकाव होता
और न बिखराव होता।

जिम्मेदारियाँ ढोई आपने और कंधों को
मेरे मजबूत बनाया,
आपका आशीर्वाद है सुकून मेरा
उससे ही हमने लक्ष्य पाया।

आपकी दुआ ही मेरी ताकत है, मेरा
सम्मान है और मेरा अहसास है,
दुनिया में सबसे ज्यादा
आपसे ही मैंने विश्वास पाया।

आपके आशीर्वाद से ही मैंने आज
अपना घर परिवार बसाया
आपने जो दिया उससे कमाया,
मेरी चेतना में आपकी ही है छाया।

अनुक्रमणिका

१.	समय बड़ा बलवान	१९
२.	तू मेरे मन में	२०
३.	अपने रंग में रंग दूँ	२१
४.	मेरी यादों के साथी	२२
५.	दूर होगी बाधा	२३
६.	भगवान से तो डर	२४
७.	अधरों का मुस्कुराना	२६
८.	रेखाओं का रेखांकन	२७
९.	मन के घाव	२८
१०.	तुम्हारा गाँव	२९
११.	गीत लिख रहा हूँ	३१
१२.	मधुर क्षण	३३
१३.	मुझे प्रेम हो जाता है	३५
१४ .	जीवन की नैया	३७
१५.	तू अच्छी लगती है	३८
१६.	एक सपना	३९
१७.	क्या मैं तुमको दोस्त बना लूँ	४१
१८.	सुधि कैसे लूँ	४३
१९.	चेहरे मात्र से ही ।।	४४
२०.	स्वप्न साकार हो	४६
२१.	तुम कैसी हो	४७
२२.	ये अकारण नहीं	४९
२३.	देखा कितनी बार तुम्हें	५२
२४.	राम राज्य की बधाई	५४
२५.	तेरा गाँव सजता है	५६

२६.	बीता यादगार दिन	५७
२७.	मोहब्बत का अखबार	५८
२८.	दिल मचल जाएगा	५९
२९.	बारिश की बूंदें	६०
३०.	परवरदिगार मेरे	६२
३१.	अधूरे पड़े ख्वाब	६४
३२.	जून का महीना है	६५
३३.	दरिया ना बनने दूंगा	६७
३४.	इन्सानों के चेहरे	६९
३५.	सफर बाकी है	७२
३६.	दोस्त कैसा हो	७४
३७.	तेरा मन गंगा गंगा	७६
३८.	तुमसे मिलने आई है	७९
३९.	लक्ष्य तुम्हारा है दूर	८१
४०.	धन्यवाद प्रभु का	८२
४१.	मेरा बन के देख	८३
४२.	शाम है सिंदूरी	८५
४३.	तेरी आँखों का काजल बोला है	८६
४४.	याद तुम्हारी आई है	८८
४५.	पवित्र है गंगा सा	९०
४६.	आए अयोध्या राम	९१
४७.	अजनबी से पल	९२
४८.	मैं दिल्ली में हूँ	९४
४९.	जवाब तो देना पड़ेगा	९७
५०.	याद रहती है तो कुर्सी	९९
५१.	रास्तों में प्यार है	१०१
५२.	नाम तुम्हारे कर दूँगा	१०२
५३.	अपना मिलना दूभर है	१०३

५४ तुम सखी हो १०४

५५. थके पाँव १०५

५६. मैं कैसा दिखता हूँ १०६

५७. मुझे अपना बना लो १०७

५८. कुछ नए प्रसंग १०८

५९. कैसे करें सफर १०९

६०. व्याकुल मन १११

६१. खुद को तलाश करो ११२

६२. तेरी मेरी जोड़ी ११४

६३. अंधेरा मिट जाएगा ११५

६४. ऐसा धर्म नहीं स्वीकार मुझे ११६

६५. सफल हो गए काम ११८

६६. मुझे विश्वास दिला दो १२०

६७. तुम मेरा श्रृंगार हो १२१

६८. बांधी है डोर १२३

६९. सरकार को खबर नहीं १२४

७०. तन्हा तन्हा जीता हूँ १२६

७१. हमें प्रेम कितना है १२८

७२. मैं बेबस हूँ १३०

७३. तुमसे मिलने आएंगे १३१

७४. कुछ मुश्किल नहीं है १३२

७५. प्रेम कितना है हमें १३४

७६. एक दीपावली प्रयास की १३६

७७. मोदी एक व्यक्तित्व १३८

७८. तुम मांग लो जो मांगना है तुमको १४०

१. समय बड़ा बलवान

समय की गति पहचान,
कुछ मन में अपने ठान ।
जीत का कर ले आव्हान
जीवन करेगा तेरा गुणगान ।।

तुम गांव गांव घूमा करो,
सक्रिय रह करो काम आसान ।
कर्मों से बनो महान,
जीवन करेगा तेरा गुणगान ।

मान लो आदर्श खुद को,
आत्मनिर्भर बनो ऐ इंसान ।
विघ्नों को करा जलपान,
जीवन करेगा तेरा गुणगान ।

तूफानों से लड़ना होगा,
भिड़ना होगा ऐ इंसान ।
अपनी पीढ़ी को दे वरदान,
जीवन करेगा तेरा गुणगान ।

२. तू मेरे मन में

तू मेरे मन में रहती है,
तुझसे मैं बतियाता हूं।
ढेरों कविताएं कहता हूं,
तेरी भी कुछ सुनता हूं।
क्या तुम जानती हो ये
आकर्षण क्या होता है,
अरे सांवरे मन का गुरुत्वाकर्षण ही
तन का आकर्षण होता है ।।

मन में आती जाती है वो
वो दूर खड़ी मूस्कुराती है,
मन बावरा क्या लिखता है
और क्या क्या कहता है,
क्या क्या सुन कर जाता है
तुम्हारी याद में प्रिय प्रकाशित कर दूं
जो भी मेरे जी में आता है ।

गलियों की दीवारों पर
मन के उद्गार लिखता है,
प्रेम से गीले पन्नों पर
तुम पर गीत लिखता है,
असंख्य ।। अप्रकाशित
प्रेम स्वरूप ही दिखता है
रस्में आज जीने की छोड़ आई है
कारण समझ नहीं आता है ।

३. अपने रंग में रंग दूँ

अपने रंग में रंग दूँ तुमको,
तेरी रंग में खुद रंग जाऊँ।
सब रंगों के खेल में प्रिय
मैं प्रेम का नया रंग बनाऊँ।

लाल रंग मैं तोहे रंग दूं
मैं प्रीत चुनरिया वाली,
हरे रंग की भरी पिचकारी,
कभी ना जाए खाली।

हरे रंग से रंग दूं वसुधा
नीले रंग से अम्बर,
प्रेम रंग में रंग दूं दुनिया
कर दूं प्रीत अमर।
सफ़ेद रंग से रंग दूं घर
जिसमें दो जीव समाये
जब जब करूँ मैं श्रृंगार
बस तुम्हारी ही याद आये।

धानी रंग से रंग दूँ चुनरिया
लाल रंग से गाल तेरे
पीला रंग पोतकर तन पर
तेरे रंग में रंग जाऊँ ।

४. मेरी यादों के साथी

मेरे मन में पनप रहे है, तेरी यादों के सपने,
एक पल को तो आ जाओ साथी हो अपने ख
सोच रहे हो क्या तुम इस भंवर में बैठे बैठे,
मन के कोने सज रहे है टूटी यादें टूटे सपने ।

जो बीता सो बीत गया क्यों उसकी सोचें,
कैसा होगा कल कहो तो उसकी ही सोचें ।
आशा नई चलो उपजाएं ना आपा खोएँ,
बंद खिड़की खोले सांस लो ताजी हवा में ।

बोझ प्रेम का उठाते उठाते, थक जाओगे,
छोड़ दो ऐसा जीवन ना चला तुम पाओगे ।
खुशियों के रास्ते भी फिर कब मुस्कुराएंगे,
मन का कोना कोना तुम न जोड़ पाओगे ।

पतझड़ के पत्ते - पत्ते झर रहे है यहीं कहीं,
जैसे उपवन में कोपल खिल रहीं है कहीं ।
बाहुपाश में बांध लो खुद को केंद्रित कर लो,
बीते कल को याद करो उसे जी लो यहीं ।

खुशियों की राह पकड़ कर बस मुस्कुराना है,
एक दिन पहले से आगे तक दूर जाना है ।
खुद से खुद को मुक्त कर खुद को याद कर।
एक पल तो ठहरो साथी डोर मेरी थामना है ।

५. दूर होगी बाधा

संकल्पों से ही जीवन की
दूर होती हर बाधा है।
संकल्पों ने ही मानव का
सदैव संकट टाला है।

नई सोच को जन्म देकर
लक्ष्य की ओर बढ़ूँगा।
ऊंच नीच का भेद मिटा
देश हित में लड़ूँगा।

योग-ध्यान में हाथ बंटा
नए नए आयाम लिखूंगा
सत्कर्म का पाठ पढ़ाकर
दुष्कर्मों से दूर रहूंगा।

मन मंदिर में सजाकर
नित नए दीप जलाऊंगा।
नव वर्ष की बेला पर
यह नव कार्य करूंगा।

६. भगवान से तो डर

कैसे ये तन ढंक कर निकले, फैला कर कातिलाना जहर
चुभा रहे है खंजर आंठों पहर, ना इंसानियत का डर है,
न भगवान का डर ।

सन्नाटे हर ओर हैं पसरे चिल्लाहाटों का शोर है
चेहरे यहां दिखते नहीं है यों घुटती घुटती सी भोर है
इतने अँधेरों में ले जा रहे है लाशे ढो-ढो कर
ना इंसानियत का डर है
न भगवान का डर ।।

इसका न कोई चेहरा है और ना कुछ आकार है
यह है विकारों का मेला ये जहर से भरा आगार है
साँसे हैं जैसे रुक रुक चलती हवा इधर है
ना इंसानियत का डर है,
न भगवान का डर ।

सड़कें सारी बारूदों से भरी, रोशनी नही पानी नही
जीवन की तपती धूप में, झुलस रही है जवानी कहीं
जीवन से रिसता रक्त, बदहवास सा है सारा शहर ।
ना इंसानियत का डर है,
न भगवान का डर ।

कस्बे सूखे गांव सूखे, मर गए इनके मंसूबे सभी
कैसी आंधी बहा ले गई, सपने सबके जो देखे कभी
हो गई टूटे तार सी ज़िन्दगी, टूट गई है जिसकी कमर

ना इंसानियत का डर है
न भगवान का डर।

कैसी है सदी की त्रासदी, कैसा विकट समय अभी
हर पल बारूदो के साए में, दहशत से कांप रही धरती
बन-सी गयी जिंदगी यहां, बस आज की ताज़ा खबर
ना इंसानियत का डर है
न भगवान का डर।

७. अधरों का मुस्कुराना

तेरे अधर जब भी मुस्कुराते हैं
हम अपने सारे गम भूल जाते हैं,
क्यों गमगीन से बैठे रहते हो
क्यों नहीं मेरे पास चले आते हो ।

एक इशारे को हम तरसते है
देख तेरा चहरा रास्ता भूल जाते हैं,
शिकन लिए फिरते हो माथे,
पूछता हूं इतना किस लिए डराते हो ।

नयनों से मुस्कुराहट टपकती है
हम तो शिकायतें सारी भूल जाते हैं,
मैं तो एक इशारा चाहता हूं
क्यों कश्तियों जैसा मुझे डुबाते हो ।

पागलपन की हद पार कर रहा हूं
तेरे सवालों के जवाब भी भूल जाते हैं,
तेरी हंसी आंख के इशारे पर
क्यों मुझे जानकर भी भूल जाते हो ।

समुंदर में बवाल आ जाता है
जब तुम मेरे रास्ते से गुजर जाते हो
तनहाइयाँ सिमट सी जाती है
बदले बदले से किनारे नज़र आते हो ।

८. रेखाओं का रेखांकन

रेखाओं के जाल में मैं ऐसा उलझा
जब बाहर निकला तो मैंने देखा
मेरे मस्तिष्क में मेरी एक तस्वीर सी रेखांकित हो गई ।

अब चाहे तो इसको तू पागलपन कह ले
चाहे मेरी भावनाओं की चंचलता कह ले
जाने क्यों दिल ने ऐसा कर डाला कि मेरी एकाग्रता भंग हो गई ।

मेरे वश में नहीं रेखाओं को वश में करना
मेरे मन की दुर्बलता को तेरे समक्ष रखना
दो चार घड़ी का खेल नहीं था कि मेरी संभावना
की गली तंग हो गई ।

सारी कुंठाएं ध्वस्त हो गईं जब प्रेम पनपे
ये प्रेम दिए का तेल नहीं जो जलकर सूखे
तू गंगाजल सी पवित्र बन कर पग पग चलकर धरती
पर स्वच्छंद हो गई ।

९. मन के घाव

मन के घाव नए नहीं है ।
क्या क्या बीती है हम पर
सारे घर के बरसे हम पर
सो ना पाया चैन की नींद
सोच रहा था रात रात भर, कि
ये जख्म पुराने नहीं हैं ।

घाव घाव से रिसता रक्त
पांव हो गए बेकार अब
जीने मरने की कसम थी
उलझे दुख के जाल में, कि
सब दुख नए नहीं हैं ।

कैसे कैसे बीतेंगे दिन
कैसे कैसे बीतेंगी रातें,
कैसे मन के उजाले आयें
सोचते ही घबरा गया, कि
सारे किस्से नए नहीं हैं।

१०. तुम्हारा गाँव

में तुम्हारे गांव जब भी आता हूं
ताजी ताजी हवा
ओढ़ लेता हूं।

मेरे मन में तेरे मन में
मेरे सारे अन्तर्मन में
देश तेरा बसा हुआ है
तेरे कारण मेरे कारण
तेरे मन मंदिर में धारण
तेरा ही रूप बसा हुआ है
जानता हूं बस नही मन पर मेरे
जब भी तेरे गांव की ओर आता हूं।

दिशा भ्रमित हो गया था
मैं चकित हो गया था
देख्र तुझे मुस्कुराता हुआ
बिन देख्रे मैं आशिक हो गया था
जोड़ गया मैं नाता ऐसा
प्यार किया तो तुमसे ही हुआ
कोशिश बहुत की पास आने की
लबों पे नाम तेरा लिए जाता हूंस
जब जब मैं तेरे गांव आता हूं।

खेत खलियान भरे हरियाली से
मचल उठता है मन मेरा
आते जाते वश में मेरा हृदय हुआ
फिर अनजान सा डगर डगर
तेरी खिड़की में देखूं नजर भर
एक शाम सुहानी ऐसा ही हुआ
तेरे घर के दरवाजे पर रुक जाता हूं
जी भर कर देखलूं इसलिए तो आता हूं
एक अद्भुत सा मौसम पाता हूँ
मैं जब भी तेरे गांव आता हूं।

११. गीत लिख रहा हूँ

आभास समेट रहा हूं मैं
एक गीत लिख रहा हूं मैं।

किसी से चाहत हो गई है,
कुछ दिल से पूछ रहा हूं
किही दिल घबरा रहा है
कथा ये लिख रहा हूं मैं
एक गीत।

बिछड़े राहगीर की तरह
रास्ते खोये पूछ रहा हूं
सूरज से दिन चांद सी रात
इसी असमंजस में घूम रहा हूं
एक गीत।

देख कोई मुस्कुरा रहा है
बातें बहुत सी बना रहा है
सपने तो कट गए रात भर के
मन को कथाएँ पढ़ा रहा हूं
एक गीत।।

ख़ाली बोतल सा जीवन
विष समझ मैं पी रहा हूं
रात कट गई रोते रोते
आज उन्हे सी रहा हूं
एक गीत ।

इस जीवन में खास क्या है
ख़ाली खाली घर जैसा है
सपने तो कट गए रो कर
अब गठरी में लपेट रहा हूं
एक गीत ।

अभाव समेट लूं अगर मैं तो
हो जायेगा सारा आंगन हरा
यहां वहां ना होगा भटकना
यही तो आस एक धर रहा हू
एक गीत ।

१२. मधुर क्षण

जीवन के मधुर क्षणों को,
प्रेम का उपासक बना लो,
एक बार
एक बार तो मुझे पुकार लो।

प्रेम के पन्नों को खोल लो,
अर्थ प्रेम का तुम समझा दो,
मुख से घूंघट उतार लो,
एक बार
एक बार तो मुझे पुकार लो।

चौखट पर मेरी आ जाओ,
कहीं दूर हो तो आ जाओ,
डगर डगर धूप उतार लो,
एक बार
एक बार तो मुझे पुकार लो।

लिख दो प्रेम के शब्द कुछ,
जो मेरे तेरे से जुड़ा हो कुछ,
हृदय में वो गीत उतार लो,
एक बार
एक बार तो मुझे पुकार लो।

चांद पर घर बनाना है हमें,
बहुत दूर तक जाना है हमें,
एक बार मुझे संवार लो,
एक बार
एक बार तो मुझे पुकार लो ।

१३. मुझे प्रेम हो जाता है

जिस जिस मुख को निहारता हूं,
मुझे, प्रेम हो जाता हूं।
जिस जिस राह से गुजरता हूं मैं।
मुझे प्रेम हो जाता है

अक्सर कुछ लोगों से,
किसी के रूप माधुर्य से,
तो किसी के खोखले अंतर्वेग से।
मुझे प्रेम हो जाता है ।।

किसी के झूठेपन से,
किसी के अंतरंग सपन से,
तो किसी की शोख अदाओं से।
मुझे प्रेम हो जाता है ।।

किसी के मुंह फुलाने से,
किसी के मुंह फिराने से,
किसी की कड़वी मुस्कान से।
मुझे प्रेम हो जाता है ।।

लग गई है लत प्रेम की,
लग गई है नजर हर शख्स की,
कभी कभी वास्तविक प्रेम से।
मुझे प्रेम हो जाता है ।।

किसी की मित्रता के बिना
बदली भावनाओं के बिना
और कभी कभी अकल्पनीय प्रेम से ।
मुझे प्रेम हो जाता है ।।

१४ . जीवन की नैया

खोज में तेरी हर तरफ खोजते रहे,
जाने कहां इधर उधर भटकते रहे,
ना नदिया देखी ना सागर देखा मैने,
सागर में लहर लहर से बहते रहे ।

न मन की मानी न दिल की मानी,
डूबते रहे बस मांझी को दोष देते रहे,
अंधेरों में करते रहे तुम्हारी ही तलाश,
दीप जीवन के कुछ जलते बुझते रहे ।
लिए फिर रहा हूं एक याद ताजा सी,
लिखते रहे और कुछ पंक्ति गाते रहे,
थमे न कदम बस बवंडरों के बीच भी,
जीवन की नैया को हम संभालते रहे ।

भाग्य में मेरे तुम आज भी नहीं हो मेरे,
कसमें कितनी हम मिलने की खाते रहे,
ज़िंदा लाश सा पड़ा हूं राह में बेखबर,
ये सोच कर हम ऐसे ही मरते रहे ।

१५. तू अच्छी लगती है

तू अंगड़ाई सी लगती है,
तू हरजाई सी लगती है,
जैसी भी है तू अच्छी लगती है
तू बेबफाई सी
बिन ब्याही सी
कभी कभी भौजाई सी
गहराई सी
आवाजाही सी
अमराई सी
भीग आई सी
पुरवाई सी
छटपटाई सी
तपी तपाई सी
डरी डराई सी
रची रचाई सी
लहराई सी
कुम्हलाई सी
लगती है तू
खिलखिलाई सी लगती है ।
कैसी भी है तू
बस अच्छी लगती है ।

१६. एक सपना

एक सपना है
एक नींद है
नयनों में
मचल रहा है
तूफान
सागर सा उफान
उड़ गई नींद
रातों की,
आती नहीं
कितने सपने
है कैसे कैसे
सोचता रहता हूं
होंगे कैसे वो पूरे
वर्षों से है अधूरे
राह देखते देखते
हो जाते सवेरे,
नींद के पीछे
भाग भाग कर
उम्र पूरी निकली
आ भी गई यदि झपकी सी
हो जाते जल्दी सवेरे
किरणें सूरज की
जवान हो जाती

दोपहर तक
और घुल जाती
सांझ के साथ साथ
हाथ पकड़े
फिर रात आ जाती
फिर मेरी नींद
उड़ जाती
फिर मेरे सपने
रह जाते अधूरे,
मैं
आज भी इन सपनों को
पूरा करूं कैसे
मैं इस नींद से
लड़ूँ कैसे
झगड़ूँ कैसे
कैसे बताऊं कि
नींद के पीछे का सपना
कब देख पाऊंगा।

१७. क्या मैं तुमको दोस्त बना लूँ

जीवन आज कह दो हमसे,
क्या मैं तुमको दोस्त बना लूं,
जीवन तेरी राहों में भी मैं,
तुझे अपनी बाहों में उठा लूं।
खूब करेंगे शिकायतें तुमसे,
पल पल में लड़ेंगे झगड़ेंगे,
यहां वहां की बात कर के,
फिर पुरानी बातें दोहरा लूं।

जाएगी बीत जिंदगी पूरी,
रह जाएंगी इच्छाएं अधूरी,
रुक जाएगी जहां भी गाड़ी,
उस राह को हाथों सजा लूं।

सीधी सादी जिंदगी तो जी ली,
जहर जानते हुए भी पी ली,
तू कभी आई ही नहीं बताने,
जी चाहता है तुझे अपना बना लूं।

इतराती है तू कभी बलखाती है,
कभी फर्श से अर्श पे चढ़ाती है,
आ मेहरबान-सी बन कर सामने,
आ तुझे मैं सच्चा प्यार दिखा लूं।

कहीं जब सामने तू आ जाती है,
मेरी बुझी सांसों को जगाती है,
मेरे मन के कोने में घंटे बजाती है,
आ ऐसे मौके को सजदा करा लूं ।
आ जिंदगी तुझे बाहों में उठा लूं ।

१८. सुधि कैसे लूँ

कण कण हीरे सा चमकीला,
रोम रोम में रस का सागर ।
दर्पण में है नख्र शिख्र चित्रित,
छलक रहा है बन कर गागर ।
सुधि कैसे लूं मैं प्रियतम ।।

इतना तो समझ है मन में,
तुम बिन कैसे दिन कटेगा ।
तुम बिन कैसी छवि चित्रित,
इस तड़पन से क्या बचेगा ।
आलिंगन कैसे लूं प्रियतम ।।

आए पार लहरों से बहकर,
सागर ने छोड़ा था हाथ ।
तुम बिन कैसे बढ़ता जीवन,
लक्ष्य ने मेरा छोड़ा साथ ।
कब से खड़ी मैं द्वार प्रियतम ।।

१९. चेहरे मात्र से ही । ।

सफल व्यक्ति को चेहरे मात्र से ही
जांच लेता है जीवन उसका कैसा होगा
कैसा होगा पथ उसका
कैसा होगा सफर उसका
कैसा होगा दिन उसका
जब पग पग चलकर वह राह पर
उसको लक्ष्य का भान होगा
चेहरे मात्र से ही उसको जान लेगा ।।

फौजी बनकर निकलता है वह
अपनी राह भटकते अकेला
चढ़कर पर्वत के उतार चढ़ाव पर
वह अकेला याद करता है हर कण
और याद करता है वह इन्हें
एक वही निकल पाया ऊपर जब
सोचता है उसका भी पूरा अभियान होगा ।

कर्मठ व्यक्ति उस दौड़ में कभी
शामिल नहीं होता जहां धर्म कर्म नहीं
होता सिर्फ होता है तो बनावट का
खोखली सजावट से सजा हुआ थाल
उसके अलावा कुछ और भी होता
लेकिन वह ऐसा कुछ नहीं होता
जो वो ना समझ सके कि रास्ता आसान होगा। ।

ऐसे ही पल का भागीदार बनना है
हुंकार भर जग में ऐसा उन्माद भरना है
जहां जहां भी जाए नाम हो
कद हो ऊंचा माथ विजयी तिलक हो
विजयी रथ हो लगाम अपने हाथ हो
बस इतने सुख की ही कामना है
प्रभु के चरणों में सेवक का उत्थान होगा।

अंतिम पड़ाव पर ही सही मुझको
मेरी चौखट आ वरदान दे दो
ना हाथ पसारूँ ना जुबान खुले मेरी
बस तुम्हारे चरणों पर ही सांझ हो
निकल पड़े है अपने अभियान पर
ज़ोर लगाकर कर लेंगे फतह किला
पग पग पर जीत का गुणगान होगा ।।

२०. स्वप्न साकार हो

तेरा नाम और मेरा नाम अमर हो जाएगा,
तुम कहो हाँ तो सपना साकार हो जाएगा ।

सामर्थ्य नही है कि मैं मिट्टी तन लगाऊं,
तेरे मन में गंगा जल के प्रवाह सा
इतराऊँ,
साधन नही है पास कि घट-घट शीश
झुकाऊँ,
मान लोगे निवेदन मेरा तो तुम पर,
कुछ अधिकार हो जाएगा ।

जरा सोचो तुझे मैं पुस्तक में लिखता हूं,
तुझे काव्य की भांति मैं हर तरह पढ़ता हूं,
रंग बिरंगी चित्रकारी से हर रंग भरता हूं,
मैं निर्धन और आशावादी बन जाऊं तो,
भरा पूरा श्रृंगार हो जाएगा ।

एक पथ में खड़े है हम मिला हाथ से हाथ,
देख लेंगे युगों युगों तक प्रेम का
प्रतिसाद,
पल्लवित हुए ये सौ बात की है एक बात,
यदि हृदय गौरव से भरा संग तेरे,
मन से अंगीकार हो जाएगा ।

२१. तुम कैसी हो

तुम कैसी हो गईं हो
तुम बदल सी गई हो
तुम पहले जैसे नही रहीं
तुमने ज़िद करना छोड़ दिया है
फिक्र करना छोड़ दिया है
जिक्र करना छोड़ दिया है
तुमने नखरे छोड़ दिए है
आवाज़ लगाना छोड़ दिया है
तलाशना छोड़ दिया
मोहब्बत छोड़ दी
चाहत छोड़ दी है
शरारत छोड़ दी है
मुसकुराना छोड़ दिया है
मोहब्बत की चाशनी में लिपटे
उलाहने छोड़ दिए है
सन्नाटे में दबे है कुछ शब्द
जो बोला करती थीं कुछ बातें
शाम सवेरे
सारे छोड़ दिए है
एजी ओजी सुनते हो
कहना छोड़ दिया है
छोड़ दिया तुमने हर लम्हे को
हर जज्बात को
वचनों को

अपनी यादों को
हर वो चीज छोड़ी तुमने
जिसमें अरमान बसे थे तुम्हारे
चाहत बसी थी
सच तो ये है कि
मैंने भी कभी ये जानने की
कोशिश नहीं की
कि आखिर इस चुप्पी कि वजह क्या है
तुमसे कुछ पूछने की
तुम्हें मनाने की
कोशिश मैने भी नहीं की।

२२. ये अकारण नहीं

मैं नही बता सकता वो सच
जो छुपा है मेरे मन में
तेरे लिए
जो अकारण नही है ।

इसका एहसास
धड़कनें में होता है
बस सोता है नाम तेरा ले लेकर रोता है
कहता है रात यही ठहर जाओ
कह जाओ
की पहले की तरह
पनप रहा है मेरे मन में
अद्भुत है, अकल्पनीय है
पर अकारण नहीं है ।

मचलते भाव थिरकते पांव
एक छोटा सा गांव
पीपल की छांव
नीचे बैठे सोच रहे हम
लेकर स्वप्न तुम्हारा
किसे पता था कहां कहां था
बिखरा बिखरा एक भाव था

नदी किनारे
पांव पसारे ढूंढ रहे थे हम
दिया की बाती जिसे थी जलती
सांझ से प्रभात तक
एक टक देखती थी
तुझे ही नयन भर, पर
जहां तहां भी तू दिखे
तुझे पा लूं,

रात्रि में सन्नाटे में दबे पांव आती जाती
न तो तू भूली
और ना मैं भूला
नहीं बताऊंगा
मन का रोना जो तेरा विरह था
वह अकारण नहीं है।
समीप होने का अर्थ

सुगंध
सुगंध से जिसकी,
सामिप्ता का बोध होता है
आँखें मूँद कर जिसे,
समीप पाते हैं
हर पीड़ा में,
हर चुभन में,
आभास होता है जिसका
वो सबकुछ खो कर होता है

नहीं बताऊंगा
वो अद्भुत सच
नहीं बताऊंगा चुभन का कारण
नहीं बताऊंगा तेरा मेरा नाता
साल भर की दूरी
वो महीनों का अधूरा स्वप्न

दिन भर के तपते सूरज
में छटपटाता
इधर उधर भड़कता
उस पर झिड़कता हर बात
बात बात पर हो रहा आघात भी
अकारण नहीं है ।

२३. देखा कितनी बार तुम्हें

देखा कितनी बार तुम्हें,
पर मेरी आंखें नही भरीं ।

तेरे सौंदर्य में डूब कर,
मन मेरा बंध ना पाया ।
बौने हो गए कर्म सब मेरे,
में तुझे जीत ना पाया ।
कई बार जीने का सोचा,
कई बार मरने को आया,
किंतु मेरी एक न चली ।।

सीमित थे साधन पास,
में तुझको ढूंढ ना पाया ।
मन को कितना रोका मैने,
तेरी परछाई रोक न पाया ।
कई बार पिया विष मैने,
कई बार सोचा भी मैंने,
पर मेरी तृष्णा नही मरी ।।

शब्द शब्द गढ़े सुगंध के,
कण में भरे शब्द निखरे ।
उषा निखरी सांझ निखरी,
निखरे तेरे कल भी सुनहरे ।
केश गूंथने तेरे चला था,
तुमने भी नही मुझे परखा,
मेरी चाहत रही अधूरी ।।

गजरे के हर पुष्प पुष्प में,
तेरी ही सुगंध के थे चर्चे ।
कलिका खिली खिली थी,
जैसे खिली खिली दोपहरी ।
रस गंध का विलक्षण रूप,
जैसे कुहासे से भरी धूप,
आंसू से आंखें रही भरी ।।

२४. राम राज्य की बधाई

राम राज्य की बधाई

तिनका तिनका जोड़ जोड़ कर, मंदिर एक बनाया,
उस भव्य मंदिर में ले जाकर, श्री राम को बैठाया,
आज उनके गढ़ में ही, हो रही है हाथापाई ।।

ले सनातन का झंडा तुम, निकले जब थे अपने घर से,
छोड़ मोह माया तुम भी, कितना अपनत्व को तरसे,
एक ही झटके में भूले लक्ष्य, तुमने ये कैसी रीत बनाई ।।

प्राण रहा पर धूमिल हुई प्रतिष्ठा, गया मान सम्मान,
कैसे बने थे तुम स्वार्थी, तुमने बेच दिया ईमान,
देख तेरा अहंकार यहां, प्रकृति भी देखो मुरझाई ।।

विरोधियों के पाले में बैठ, हर वर्ग बड़े हर्षित है,
कलयुग में त्रेता युग आया, सारे के सारे शंकित है,
हार जीत का प्रश्न नही है, पर तेरी लज्जा भी शरमाई ।।

बंटा हुआ हिंदू जनमानस, प्रलोभन से अति प्रसन्न है,
बेच कर ईमान अपना, दौलत से इत्ता प्रसन्न है,
भ्रमित किया जनमानस को, ढेर हो गई प्रभूताई ।।

भविष्य देश का क्या होगा, कैसे मिटेगा कलंक हमारा,
विश्वास को किया लहू लुहान, धर्म कर्म चीर कर सारा,
विघटनकारी तत्व घर घर, बांट रहे मिठाई ।।

चिंतित है सनातन, बिलख बिलख हृदय रो रहा,
देश विभाजन की सीमा पर, सिर माथा फोड़ रहा,
व्यर्थ रहा सबका साथ, आज फिर बिफल हुई चतुराई ।।

कोन साधेगा राम का मंदिर, घृणित हो गई पंडिताई,
लूट लूट जा बैठे दौलत, देश का कैसा संयोग भाई,
कर रहे दानव व्यूह रचना, दिख रही उनकी परछाई ।।

२५. तेरा गाँव सजता है

मौसम तेरे रहने से सजता है गांव,
तेज दोपहर में भी उकलाता है गांव,
तेरे मेरे चाहने से कहां बदलता है गांव,
नदिया की लहरों में ही मचलता है गांव ।

दो दो फुट पानी में जब नाव चलती है,
ठहरी ठहरी सी मानो नदिया लगती है,
ऐसी बीच भंवर में फंसकर वो चलती है,
खुद को कैसे कैसे बचा लेता है गांव है ।

इन पर्वतों से जब धारा बह निकलती,
फेल गांव की गली गली वो थिरकती,
छप छप छप छप का शोर चारों ओर,
देखा देखी मौसम को अपनाता है गांव ।

नाव नवेली जाने क्या क्या कहती रहती,
अपने पर झूलते पतवारों की पीड़ा सहती,
भांप का नाविक की पीड़ा आंखों से वो,
नाव को भर आगोश समा जाता है गांव ।

२६. बीता यादगार दिन

आज का ये यादगार दिन बीता
समय का एक अनमोल क्षण बीता
हमारे साथ तुम्हारे साथ ।

जब जीवन परिभाषित हो गया
सारा जश्न उल्लासित हो गया
हमारे साथ तुम्हारे साथ ।

बंधन कुछ ऐसा बंधा सदैव रहा
जीवन का सफर आनंदमय रहा
हमारे साथ तुम्हारे साथ ।

हर कदम के साथ कदम बढ़त रहे
हजारों हज़ार हम यात्राए करते रहे
हमारे साथ तुम्हारे साथ ।

मैं जागृत सा महसूस करता रहा
जो प्रेम का स्वरूप उदित होता रहा
हमारे साथ तुम्हारे साथ ।

आत्मीय स्वरों का मिलन होता रहा
संपर्क इतना संचारित भी होता रहा
हमारे साथ तुम्हारे साथ ।

२७. मोहब्बत का अखबार

सुबह सवेरे आंखें खोली, मैने तेरी दहलीज पर,
मोहब्बत की इबारतें, नजर आई तेरे चेहरे पर,
मैं जिगर तेरा बनकर, तेरी सरकार आया हूं,
मोहब्बत का अखबार लाया हूं।

दिल का एक फसाना था, तेरी आंखों का दीवाना था,
जो सपना मुझे लुभाता है, इसे हेडलाइन बनाना था,
कोई शिकायत लेकर नही, इसे सुर्खियां बनाकर आया हूं,
मोहब्बत का अखबार लाया हूं।

आज देखो सुर्खियों में, मोहब्बत के आसमान पर,
तुम ही तुम छाई हो बस, जिंदगी की इस उड़ान भर,
कागजों की महक देखो, गुलाब इन पर उतार लाया हूं,
मोहब्बत का अखबार लाया हूं।

खोज लाया हूं अभी अभी, तेरे मेरे मोहब्बत के पर्चे,
बिखेर दिए थे किसी ने यहां, जहां हो रहे थे अपने चर्चे,
चुपके से चुराकर बाग से, मैं इतने हरसिंगार लाया हूं,
मोहब्बत का अखबार लाया हूं।

इश्क की बेताबियां बढ़ रहीं, अब नज़र मिलाओ मुझसे,
इश्क कोई इल्जाम ना लगा ले, एक बार मिलजा ओ मुझसे,
हंस के कबूल की सजाएँ, इल्जाम को कर दरकिनार आया हूं,
मोहब्बत का अखबार लाया हूं।

२८. दिल मचल जाएगा

मत निकला करो, चांदनी में,
गगन के तारे मचल जाएंगे,
चलती हो मदहोशी की दवा पीकर,
हम जैसों के दिल मचल जाएंगे ।

हम तो बेसुध है गम पीकर,
तुमसे बिछड़ कर करेंगे क्या जीकर,
तुमने तो बंद कर ली है आंखें अभी,
बेहोशी में दिल अब पिघल जाएंगे ।

खत मोहब्बत के तेरे हमने भी पढ़े,
उसमें तेरे अफसानों की बातें लिखी,
हो जाएगा मुकम्मल इश्क आज मेरा,
सब्र के बांध अब तो बिखर जाएंगे ।

रोशनी के बगैर पाव अब रखना नही,
तेरी कातिल निगाहों से टकरा जाएंगे,
जब निकलती हो तुम पाजेब पहन कर,
मेरे ख्वाबों के महल भरभरा जाएंगे ।

चलते चलते रुक जायेंगे कदम तेरे,
जलजला सा सावन में आ जाएगा,
मेरी मानों तो रख लो हौंसला जरा सा,
हम रास्ते में चलकर संवर जायेंगे ।

२९. बारिश की बूंदें

बारिश की बूंदो सा रिश्ता कैसा है रिश्ता,
जितना चुल्लू में आएगा उतना ही आएगा,
बाकी बह जाएगा ।

मुट्ठी में पकड़ना चाहा मगर संभव न हुआ,
बाहों में जकड़ना चाहा मगर वो भी न हुआ,
छूना चाहा बूंद जो पलकों के नीचे से बही,
बही वही से बही जहां से कोई प्रेम समझ पाएगा ।

बारिश की बूंदो सा रिश्ता कैसा है रिश्ता,
जितना चुल्लू में आएगा उतना ही आएगा,
बाकी बह जाएगा ।

साथ रखना भी था जहां भी तन्हाई सी थी,
न रखते हुए भी साथ कैसी रूसवाई सी थी,
कितनी बातें है जो अब भी समझ ना पाया,
जो समझा उसे ही समझा न समझा तो न बूझ पाएगा ।

बारिश की बूंदो सा रिश्ता कैसा है रिश्ता ।
जितना चुल्लू में आएगा उतना ही आएगा ।
बाकी बह जाएगा ।

तुझसे करनी है कितनी बातें ये तो सुन लो।
मन की मन में ही रह जाती है ये समझ लो।
काश तू मुझे समझ पाता या फिर सुंन पाता।
या फिर दर्द सा दिल में बढ़ता जाएगा ।

बारिश की बूंदो सा रिश्ता कैसा है रिश्ता,
जितना चुल्लू में आएगा उतना ही आएगा,
बाकी बह जाएगा।

३०. परवरदिगार मेरे

परवरदिगार मुझे ।।
एक रास्ता बतादो जो नेकी पर चलता हो,
मुझे, नेकी की राह दिखा दो ।

तू सबका कर्ता धर्ता है
बिना तेरे एक लम्हा नही बढ़ता है,
सबके ऊपर है नजर तुम्हारी
तू ही तो है सबका एक ही प्रभारी,
तू जिंदगी बनाता है
तू राह बताता है
मुझे अंधेरी राहों का चिराग बना दो ।

अहंकार ना आए मेरे मन में
मैं इंसान को इंसान समझता रहूं
मैं दुनिया की खातिर जीयूं
और दुनिया को आगाज कराता रहूं
तू बंदनीय है
तू सर्व विदित है
मुझे सच की दुनिया की राह समझा दो ।

मुझे जिम्मेदारियो से आजाद कर दो
मेरे मन मस्तिष्क में सुकून भर दो
मैं वचन का पालन करूं
ऐसा मुझमें तू विश्वास भर दो
मैं असत्य से बचता रहूं
काम नेक करता रहूं
मुझे ऐसा कोई गुण सिखा दो ।।

सत्य का मुझे आभास रहे
असत्य का न मन भाव आए
निजी स्वार्थ से दूर रहूं
अभिमान का ना कोई प्रभाव आए
श्रेष्ठता की राह चलूं
दिन प्रतिदिन साथ चलूं
मुझे सुख से जीने का मंत्र बता दो ।

३१. अधूरे पड़े ख्वाब

कई ख्वाब अधूरे पड़े थे,
उठा लाए हम झाड़ पोंछ कर,
जहाँ पे तुमने था छोड़ा मुझको,
वहीं कुछ ख्वाब औंधे पड़े थे ।

तुम्हें जरा भी खबर नही,
कहां खड़ा हूं मैं ख्वाब लेकर,
तुम्हें दिखाने की देर है बस,
वहीं कहीं वो कोने खड़े थे ।

तुम्हारा अलग है मुकाम,
तेरे मेरे ख्वाब है मेरे ही हिस्से,
मुझे भी तू बस साथ ले चल,
तेरी बफा के कुछ किस्से बड़े थे ।

मुझे क्या पता इस दोपहरी,
हमारे तुम्हारे यहां सूरज मिलेंगे,
चांद तारों का चलेगा कारवां,
इसे पाने को हम कितना लड़े थे,
ये मेरे ही ख्वाब थे जो अधूरे पड़े थे !!

३२. जून का महीना है

जून का महीना है
अंग अंग पसीना है
उदासियों से भरा पड़ा है
युवाओं का सीना है
किसने खेला कब कब खेला
जोखम भरा था महीना ।।

पथरीला सा था पूरा गांव
कांटे से चुभ रहे थे पाव
घर घर मचा था कोहराम
मारे तमाचा आव न देखा ताव
फक्कड़ से थे घर परिवार
अब कैसे करके है जीना ।।

फसल खड़ी खड़ी सूख रही
किसान के कांटों खून नही
गुलाब मुरझाया बाग में
सूखे के चलते अब भूख नही
धुल गया इज़्ज़त का आंगन
फटी नसों का रक्त है पीना ।।
फट गया फट गया देखो सीना ।।

नाम वाम में क्या रखा है
बड़ा महल था सब धोखा है
पूरी रात देख रहे सपने
सारा कुआ सूखा देखा
चादर ओढ़ सोए रात
रात को कैसा अमृत पीना ।।

सुख की बातें हजार बार
दुख के क्षण का ना कोई यार
जैसे तैसे ये रात सरकती
वैसे वैसे सजता हरसिंगार
लगा जूड़े में मोतियों की माल
जूड़े में करता पुष्प मनमानी ।।

३३. दरिया ना बनने दूंगा

बड़े जतन से
पाल कर रखा है
अपने आंसुओं को
शपथ है
इनको बहने ना दूंगा !

पीड़ा को मन में दबाकर
लाऊंगा साथ अपने
एक एक कण
जीवन को इसी तरह
दरिया ना बनने दूंगा !

सागर से दरिया को
मिलाकर रहूंगा
रोक रखा है दिल को
अकेले इनको
जाने ना दूंगा !

सागर की गर्जना को
व्यर्थ ना जाने दूंगा
कोलाहल कैसा भी हो
तन में सोई चेतना
जगा के रहूंगा !

मैं, एक शांत तूफान हूं
मेरी गर्जना सुनाई नही देती
कितनी भी तूफान
टकराएं तट से
कितने भी चक्रवात आएं
परंतु तूफान के
पावों को जकड़ कर रखूंगा !

३४. इन्सानों के चेहरे

कुछ इंसानो के चेहरे
चेहरे के दाग
चेहरे पर पुती कालिख
दिखाई देती है गहरी
आस पास नहीं होते है
नहीं होते है ये चेहरे ।।

मासूम है बड़े
ये कुछ मक्कार से चेहरे ।
बड़े मक्कार होते है,
ये कुछ मासूम से चेहरे ।।

हकीकत से परे होते है,
कुछ इंसान के चेहरे ।
दिखाई देते है जैसे,
नहीं होते है वैसे चेहरे ।।

खुशी अपनी छुपाते है,
जो है गमगीन से चेहरे ।
छुपाये गम का सागर है,
ये कुछ हँसते हुए चेहरे ।।

हकीकत से परे होते है,
कुछ इंसान के चेहरे ।
दिखाई देते है जैसे,
नहीं होते है वैसे चेहरे ।।

बड़े बेमान होते है,
शराफत के ये कुछ चेहरे ।
बड़े ही शरीफ होते है,
ये कुछ बेईमान से चेहरे ।।

हकीकत से परे होते है,
कुछ इंसान के चेहरे ।
दिखाई देते है जैसे,
नहीं होते है वैसे चेहरे ।।

बड़े निर्भीक लगते है,
ये कुछ भयभीत से चेहरे ।
बड़े भयभीत लगते है,
ये कुछ निर्भीक से चेहरे ।।

हकीकत से परे होते है,
कुछ इंसान के चेहरे ।
दिखाई देते है जैसे,
नहीं होते है वैसे चेहरे ।।

बड़े अपने से लगते है,
पराये से जो है चेहरे ।
पराये से ये लगते है,
अपने से है जो चेहरे ।।

हकीकत से परे होते है,
कुछ इंसान के चेहरे ।
दिखाई देते है जैसे,
नहीं होते है वैसे चेहरे ।।

३५. सफर बाकी है

कुछ
सफर बाकी है
कुछ बातें बाकी हैं
अभी तो सिर्फ गति देखी है
आपने
भागना तो अभी बाकी है ।।

मेघ घिर आए गगन पर
बूंदों भी मचलने लगीं
हवाओं का रुख बता रहा है
कि
तूफान आना बाकी है ।।

सूरज ढलने को है शाम है
चांद को भी पास बुला लो
थोड़ा उसे भी समझाओ
कि
अंधेरा होना बाकी है ।।

कुछ फैसले किस्मत के हैं
कुछ हमने लिखे होते हैं
मौत आनी भी हो तो क्या
पर
जिंदगी जीनी अभी बाकी है ।।

ये नदिया ये पर्वत ये सागर
रोक कर खड़े है रास्ता मेरा
दम है तो पा लेंगे मंजिलें भी
क्योंकि
तन में जान अभी बाकी है ।।

लोग डराते है हर रोज मुझे
किस्मत का हवाला देकर
किस्मत तो हम लिखेंगे अब
एक
एक सांस अभी बाकी है ।।

रास्तों का टूटना तो तय है
पहाड़ों का गिरना भी तय है
समुंदर की लहरें थम जाएंगी
देखो किनारे बनना अभी बाकी हैं ।।

३६. दोस्त कैसा हो

दोस्त कैसा हो जीवन में बस मेरी समझ जैसा हो,
मेरी चाहत मेरी सीरत मेरे दोस्त में वो सब हो,
दोस्त ऐसा हो ।।

मेरी चाहत को तौले पर, मुख से कुछ ना बोले,
देखे मेरी वो आंख बन कर पर आंख ना खोले,
दोस्त ऐसा हो ।।

मुझे गले लगाए वो पर मेरा गला ना पकड़े,
रास्ता दिखाते मुझको पर रास्ते रोके ना रहे,
प्रमाणिकता की होड़ में मुझे आगे बढ़ाता जाए,
दोस्त ऐसा हो ।।

संस्कृति का और संस्कार का मजाक ना उड़ाए,
भावों के बाजार का मुझे विस्तृत रूप समझाए,
मानव के अधिकार का अर्थ मुझे सदा बताए,
दोस्त ऐसा हो ।।

हर पल दौड़ती जिंदगी में एक दोस्त ऐसा हो,
मन कि पीड़ा हरने वाला ऐसा मीत ऐसा हो,
जज्बातों को जो समझ सके मन मन भाए
दोस्त ऐसा हो ।।

अल्फाजों में मेरे जो चमक भरे बनकर आवाज,
सारी दुनिया से वो कह सकें मेरे मन की बात,
ऐसा हमदर्द हो जो दर्द को दर्द से ना उलझाए,
दोस्त ऐसा हो ।।

आधुनिकता की दौड़ से में उकता गया हूं अब,
इस मशीनी दुनिया में ऐसा फंस गया हूं अब,
संबंधों की दौड़ में वो मेरा हरदम हाथ बताए,
दोस्त ऐसा हो ।।

दूर हो गई है आंखों से मेरे खेतों की हरियाली,
टूट टूट कर बिखर गई है जो धारणा थी पाली,
मेरे मन के जीवन में मुझे पलकों पर बिठाये,
दोस्त ऐसा हो ।।

फिर से ला दे नवचेतना जीवन में संग्राम ना हो,
हमदर्द हों कई एक, कही कटुता का नाम ना हो,
आंचल से वो छाया करे और मुझे सुलाए,
दोस्त ऐसा हो ।।

३७. तेरा मन गंगा गंगा

गांव का मौसम गंगा गंगा,
तेरे घर पर जब आता है ।
खिल जाती है बोर बोर तब,
जलतरंग कानों को सुनाता है ।

तुमने जब जब छत पर जाके,
प्रेम का स्वांग रचाया है ।
तब तब मौसम एक जुट होके,
तेरे ही छत पर आया है ।

मोर मोरनी संग संग नाचे,
झूम झूम गई अंगनाई ।
तेरे अधर और तेरे नैना के,
साथ झूम रही पुरवाई ।

तेरी बिंदिया और तेरी लाली
से, अजेय प्रेम गहराता है ।

मेरी मानों तो द्वार पे आके,
करती जाओ पायल छन छन ।
सुनकर तेरी छन छन छन छन,
झूम उठेगा सारा मधुवन ।

तुम जो कहती हो वो करता हूं,
तुमसे मिलने बेचैन रहता हूं ।
पग पग ऐसी चालें चलती हो,
बेहोश तेरे बिन मैं रहता हूं ।

आओ मिलकर संधि कर लें,
जैसे संसद संसद होता है ।
द्वेष सारा अपना भुलाकर,
मन कितना गद गद होता है ।

मन को मनुहारों से गले लगे,
तो, सबका मोह भंग हो जाता है ।

आओ आकर बगिया से कुछ,
पुष्प तोड़ कर तुझे सजाऊं ।
आओ आकर दर्पण में तेरे,
प्रेम में भीगे कुछ चित्र बनाऊं ।

हम तुम जहां खड़े है अकेले,
कौन वहां है पहुंच पाता ।
सामर्थ्य नही कि पलट जाऊं
तेरा मेरा विशेष है नाता ।

हो अत्यंत निमग्न एकरस तुम,
प्रणय देख तल्लीन हो जाती ।
बना कर स्मारक प्रेम का जहां
वहां तुम चुपके से सो जाती ।

मन मन में मन को जो भाता है,
वही दिल में अपने उतार जाता है ।

३८. तुमसे मिलने आई है

सागर तट पर तू अकेली
क्या मुझसे मिलने आई है,
है विशाल जलाशय धरा पर
इस पर धूप निखर आई है,
फिर भी दिख रहा शांत सा
तू भी दिख रही पुरवाई है ।

नीली नीली चादर नीचे
शिखा शिखा सी भरमाई है,
एक छोर से दूसरे छोर तक
अनंत जलराशि सी छाई है,
मोहित है धरा देख तुमको
तू भी देख देख शरमाई है ।

तैर रहा झील सी आंखों में
पता नही कहां निकलूंगा,
जीवन है अनुत्तर सा मेरा
किस किस को में परखूंगा,
बंद नेत्र श्वास धीमी धीमी
उथल पुथल में अंगड़ाई है।

सिर पर बोझ भारी लेकर
आस पास की सुध नहीं है,
जीवन उत्साहित कभी लगा हो
ऐसा तो कभी लगा नही है,
तू भरती थी मृदुल उमंग
पर इस समय तो घबराई है।

कितने हो गए प्रश्न अनुत्तरित
सोच रहा मन बेचारा,
सृष्टि पल पल बदल रही है
परिवर्तन को कहां गंवारा,
ऊर्जस्वित हुआ मेरा हृदय
तू भी बराबर सी शरमाई है ।

३९. लक्ष्य तुम्हारा है दूर

तुम्हें जल्दी जल्दी चलना है,
पथ में ना हो जाए रात कहीं,
लक्ष्य तुम्हारा है दूर कहीं,
घट जाए ना कोई बात कहीं ।

सभी को लालसा होगी कि,
तू दूर चले पर थके नहीं ।
तू है जुझारू जानता हूं मैं,
थकना तेरा कोई काम नहीं ।

तू बढ़ उजाले की ओर सदा,
ध्यान ना भटकाना इधर उधर ।
लक्ष्य तक जाना है तुमको,
हार ना मानना कभी मगर ।

थकना नहीं कहीं रुकना नहीं,
ये बात रख लो मन में कहीं ।
जो पहुंच जाएगी गंताब्य में,
जीत हो जाएगी तेरी वहीं ।

४०. धन्यवाद प्रभु का

धन्यवाद प्रभु का करते है हम,
हमें सही सच्ची सलामती दी ।
संकट की घड़ी आने पर भी,
जोड़ें रखने की शक्ति दी ।

ख्याल रखते हैं सभी बच्चे,
जो सबका अच्छा सोचते है ।
दिल के अच्छे है जो बच्चे,
वो कभी साथ नहीं छोड़ते है ।

पिता की यही इच्छा रहती है,
की दिन दुगुनी गति से बढ़ें ।
अपने माता पिता को भी,
सुख से और सम्मान से रखें ।

जय लालसा आखिरी पिता कि,
कि बच्चे खूब आगे बढ़ें ।
नाम जग में हो परिवार का,
दो शब्द भी कोई ना कहे ।

४१. मेरा बन के देख

मेरा बन के देख ।।
तेरी दुनिया से दूर था
हालात से मजबूर था
पता नही क्या था मन में
जब तू आई जीवन में
दूर दूर मत जाओ घड़ी घड़ी
दूसरे की मत ओढ़ चुनरी
जरा संवर के देख
जूड़े में पुष्प सजा के देख
मेरी बन के देख ।

तकल्लुफ कैसा है मुझसे
मानता तो था खुदा भी
एक तालाब सी थी गहरी
एक तूफान सा था उपर से
क्यों हो रहा है ऐसा दिल में
मेरी बात मान कर देख
गहरे पानी उतर के देख ।

क्या पाया है जो खोएगी
बोझ दिल पर क्यों ढोएगी
रास्ते रास्ते छूट ना जाएं
डोर दिल की टूट ना जाए
हर रोज पहले जैसी मिल

हर रोज कमल सी खिल
फिर मेरी हो के देख।

तकल्लुफ मुझसे कैसा है
तलब और मांग जैसा है
कैसा होता है हाल ऐ दिल
उम्मीद रख ऐ संगदिल
संभाल के रख सजावट
हो सके तो कर मुलाकात
एक दफा मिल के देख।

रफ्ता रफ्ता ना बढ़े दूरियां
अपनी समझो मजबूरियां
रोक सको तो रोक लो कदम
ओढ़ लो दीवानेपन को सनम
आते जाते पलट के देख।।
इक उम्मीद अभी भी बाकी है,
क्या हैं दिल में पूछ के देख।

४२. शाम है सिंदूरी

वो शाम भी सिंदूरी थी
वो शाम भी सिंदूरी है
फिर क्यों कर तेरी मेरी चाह अधूरी है ।।

फेरे सात लेकर तुम
जब मुझको घर लाए थे
खत्म हो गई है आज जन्मों की दूरी है ।।

पहनी चूड़ी और बिंदिया
पावों में पहनी पायलिया
आई तेरे अंगना में पहन सुहाग की चूड़ी है ।।

तू ही है श्रृंगार हमारा
और तू ही प्रियतम है
पाट दी है तूने मेरे चाह एक सुनहरी है ।।

४३. तेरी आँखों का काजल बोला है

बहुत दिनों के बाद
तुम्हारी आँखों का काजल बोला है ।

बहुत दिनों के बाद तुझे देख
मेरा मन डोला है,
बार बार तुझे निहारूं
बार बार तुझे पुकारूं
इस बार आंगन में पुष्पों ने मुख खोला
है ।

नदिया सागर नहर किनारे
झूम झूम सब तुझे निहारे,
रिमझिम बरसे बदरा ऐसे
जैसे धरती ने पांव पखारे,
माटी कहे इस सावन तुम बरसो जोर जोर,
बहुत दिनों बाद मौसम आया है इस ओर,
अविरल अप्रत्याशित बेला में
कलियों ने घूंघट खोला है।

पहले भी मन धड़का था
इच्छा का तूफान भड़का था,
इतनी खामोशी किनारे न थी
जब मेघ तूफानों से लड़ा था,

कभी मेरे हृदय की कोमलता जागी थी,
बहुत दिनों के बाद मेरी कामना जागी थी,
मौसम की मादकता ओढ़े
मेरे मन का संयम डोला है।

तुम्हारे गीतों को गुनगुनाना
मुस्कुराने का कारण जाना,
दुख के बादल छंट गए थे
तब मैंने तुमको पहचाना,
इतनी शीतलता भी कहां मिलती है,
इतनी मादकता भी कहां मिलती है,
अंग अंग में बज उठी बांसुरी
धुन बजा मेरा मन डोला है।

४४. याद तुम्हारी आई है

बहुत दिनों बाद याद तुम्हारी आई है,
एक गंध सी मेरे मन में उतर आई है,
नयनों में उन्माद लिए
प्रेम को रेखांकित करती,
एक तस्वीर सी हृदय में उभर आयी है ।

देखते ही देखते दिन निकलते गए,
तन पर तेरे जैसे मौसम उभरते गए,
एक पागल मनचला सा
धीरे धीरे चलता गया,
और एक उम्मीद सी बंधती आई है ।

तन्हाई के बादलों में छुप छुप कर,
हल्की से चुभन आई उभर कर,
दिल के अरमानों को लेकर
रात भीगे भीगे पलों के संग,
रात को देखो अब ढलने को आई है ।

ये पागल शरारती मोहब्बत हमारी,
जान अब लेकर ही रहेगी ये हमारी,
खुशी के पल रूठ से गए
दर्द का उभरना भी जारी है,
दर्द की दहलीज पर फूलों की अंगड़ाई है ।

अब तो साथ दो रात होने लगी है,
अब तो शबनम भी बरसने लगी है,
आकर दो कदम तो बढ़ाओ
फिर मौसम से कहूंगा मैं,
कि अब फिर से मेरी रुत लौट आई है ।

४५. पवित्र है गंगा सा

पवित्र है गंगा सा, गंगा सा तेरा मन,
हर लहर में है तैरता तेरा अपनापन ।
गंगा सा ।।

कभी निश्छल चंचल अल्हड़ सी बहती,
कभी प्रयोग तुम तीव्र प्रवाह बन करतीं,
पर तेरा मन शीतल, शीतल शीतल तन ।
गंगा सा ।।

हृदय तुम्हारा कोमल इसमें है स्नेह अपार,
तुम जग की प्रशंसक धारा धारा में प्यार,
खींच लाती प्रवाह से जो करता तेरा वंदन ।
गंगा सा ।।

इन सबसे बढ़कर है तेरी ख्याति नगर नगर,
सब जग सुध बुध खोए बस तेरी माला कर,
आज तुम्हारे पग पड़े तो घर हुआ पावन ।
गंगा सा ।।

जितना भी नहाऊ में मेरा जी नही भरता,
तेरा आलिंगन कर लूं ऐसा मेरा जी करता,
रहे सदा तुम्हारी खिली खिली सी मुस्कान ।
गंगा सा ।।

४६. आए अयोध्या राम

पग पग चलकर आए अयोध्या,
जय श्री राम जय श्री राम ।।
कितने बरस से तरसी अंखियां,
जय श्री राम जय श्री राम

प्राण प्रतिष्ठा की तैयारी पूर्ण हुए सब काज ।।
चलो अयोध्या धाम है मंगल ही मंगल आज ।।
विश्व भर से भक्त पधारे,
जय श्री राम जय श्री राम ।।
पावन संस्कृति के जयकारे,
जय श्री राम जय श्री राम
विधि विधान से होगी मूर्ति राम की पूजित ।।
सारे प्रांगण में होगा मंदिर का स्वर गुंजित ।।
सकल जगत् की है आराधना,
जय श्री राम जय श्री राम ।।
हुई सनातन की पूर्ण कामना,
जय श्री राम जय श्री राम

आमंत्रित है राम भक्त पहुंच रहे अयोध्या ।।
आज चमक रही है दिव्य, नव्य अयोध्या ।।

सारा विश्व आज बोल रहा है,
जय श्री राम जय श्री राम ।।
जयकारों से नभ डोल रहा है,
जय श्री राम जय श्री राम

४७. अजनबी से पल

बड़े अजीब से पल होते हैं
जब लंबी बहस होती हैं,
पर कोई हल नहीं निकलता
बड़ी अजीब सा माहौल बनता हैं ।
हल्ला गुल्ला शोर शराबा
कभी कभी इत्तेफाक से भी।
कोई मौका नही छोड़ता बोलने का ।
और शरारत शरारत में
वक्त की अनदेखी कर
कुछ कसैले रखे जाते हैं
तीर समान छोड़ दिए जाते हैं
तब ऐसा लगता है एक पल को
कि कही से कोई हंसी आ जाए।
तो बात बन जाए ।

लोग बिना बात फसाना बनाते हैं
और बात बात में कसीदे पढ़ने लग जाते हैं
शराफत की हद तो तब पार होती हैं
जब छींटे उछाले जाते हैं
गिरेबान में झांके बगैर
कीचड़ उछलते हैं
रंग बदलते हैं
कंधों से काँधें होते हुए
मुंह की मुंह से खाते हुए
बड़े अजीब हो जाते हैं वो लम्हे

तब लगता है कि कोई कहीं से
मुस्कुराहट सी फैला जाए
तो बात बन जाए ।

जिंदगी जलती तीली सी हैं
उकेरने भर से ही तबाह हो सकती
हर किसी को
प्यार नही मिलता
कड़वे हो चले रिश्तों को
अधकच्चे झूठे किस्से कहानी
नही सुनाई जा सकती
कुछ ज़ज़्बातो को साथ मिलाकर
किसी चाहत के बगैर
और जिंदगी की जलती सांस को
बदरंग हो चले लम्हों को
विश्वास की चाशनी मे डुबोया जाए
तो बात बन जाए ।

अपनेपन की चाशनी में भिगोकर
सद्भाव की चादर में लपेट कर
मन पर कोई बोझ ना डाला जाए
तो बात बन जाए।

४८. मैं दिल्ली में हूँ

में दिल्ली में हू
एक सरकार ढूंढ रहा हू
जो बताए
गली मोहल्ले ऐसे क्यों है
पानी फ्री है तो बहता क्यू है
बिजली भी फ्री है जाती क्यू है
शराब के ठेकेदार अब ठेकेदार नही रहे
वे अब नेता बन गए है
जो नेता बन गए है
वो कहीं छुप गए है
जो नेता नही है वे आदतन
घुड़सवारी कर रहे है
बड़े बड़े महलों में रह रहे है
जो महलों में रह रहे है
वो छोटी मोटी बातों में नही पड़ते
वे कहानियां लिखते है
मढ़ते है
पढ़ते है
पर अखबार से डरते है
कहीं पोल ना खुल जाए।

ये कौन सी सरकार है
जो दिखती नही है
ना मैदानों में

ना पहाड़ों में
ना सड़कों में
ना चौराहों में
ना नदियों में
ना अस्पतालों में
ना स्कूल में ना कालेजों में
ना शवालों में
और ना खयालों में
कहीं सरकार दिखी नही
कचरे का पहाड़ दिखा
हर दिल में गुबार दिखा
युवाओं में शुमार दिखा
बच्चों में क्रोध दिखा
बूढ़ों में खौफ दिखा
किनारे खुले मेन होल दिखे
सबकी रोलम पेल दिखी
पर सरकार कही नही दिखी !!

में दिल्ली में ही हूं
सरकार को ढूंढ रहा हूं
मान का न सम्मान का
पेट बड़ा बेईमान का
पड़े जेल में सारे लाल
बाहर हो रहा कमाल
रोज आए एक ही सवाल
कब होंगे प्रकट दिल्ली के लाल
कब बनेंगी सड़कें

कब भरेंगे गड्ढे
कब बदबू का साम्राज्य हटेगा
कब डडा हाथ से छूटेगा
छुप छुप देख रहा हूं
की कब काया पलट होगी
और सरकार दिखेगी !!

विश्वसनीयता का अंत हो गया है।
धूमिल धूमिल वसंत हो गया है
पुर्जा प्रशासन का हिल गया है ।
दुश्मन दोस्त से मिल गया है
हाथ से लगाम छूटी
गांव की खटिया टूटी
गरीबों का घर गया
गांव का भरम गया
जैसे मरघट सा
जैसे तूफान के बाद का
भूखे तड़पते बच्चों के उन्माद सा
झूठों के सरदार
खबरदार
तुम धरती की धूल हो
जहां पड़े हो वहीं ठीक हो
तुमको नेस्तनाबूत कर दिया है
असंस्कारों में लिपटी
दिल्ली का हाल बेहाल है
यही तो मलाल है
अदृश्य सरकार है !!

४९. जवाब तो देना पड़ेगा

जवाब तो देना पड़ेगा !!
जाति के मुंह पर डंक मारा है
जवाब तो देना पड़ेगा !!

तेरा जीवन कट जाएगा जैसे तैसे
गिरती हुई पतवारों को न थाम सकेगा
ऐसे,
ऐसे कैसे भूल जाए दृश्य बदनामी का
चिंगारी जो क्लेश की छोड़ी तुमने,
जवाब तो देना पड़ेगा !!

गिरेबान में झांका नही कभी इन्होंने
कद अपना नापा नही कभी इन्होंने,
गरिमा पद की जाने वेगैर नेता बन बैठे
संसद के गलियारों में विष जो फैलाया है,
जवाब तो देना पड़ेगा !!

जुबान पर नियंत्रण तुमने खो दिया है
आदर और सत्कार का भाव खो दिया है,
संस्कारों की चादर तो थी नही कभी तन पे
मर गया तेरी आंखों का पानी कैसे,
जवाब तो देना पड़ेगा !!

चला रहे टूटी टूटी सी कश्तियां सागर में
एक दिन डुबा देंगे तुमको चुल्लू भर पानी में,
गिद्धों की तरह नोच कर खा रहे थे देश
देश की सीरत पर तेजाब फैकोगे,
जवाब तो देना पड़ेगा !!

सांप की तरह ही सदैव डसते रहोगे
पहले से असभ्य थे और असभ्य ही
रहोगे,
बदलने की कसम तो खालो ऐ नवाब
पूछ रहा है देश क्या दोगे इसका जवाब,
जवाब तो देना पड़ेगा !!

दुश्मन से बड़ा शातिर असभ्य होता है
अनपढ़ सदा विष का जनक होता है,
मौत में सोई घर की किलकारियां का सौदागर
एक नही दो नही और कितने है,
जवाब तो देना पड़ेगा !!

गरिमा कितनी नष्ट हो गई धरती की
बाजारू बना गिराई साख अंबर की,
आदमी और जानवरों में फर्क कहां है
हर बात में टीका टिप्पणी क्यों,
जवाब दो देना पड़ेगा !!

५०. याद रहती है तो कुर्सी

घड़ियाली आंसुओं का भी जवाब नही है साहिब
जिस बात पर बहना होता है
उस पर बहते नही और जिस पर नही बहना होता है
उस पर बांध तोड़ बहता है।

कोई मर जाए तो पूछता है
की किस जात का था या किस धर्म का था
तब बहूंगा जब कोई अपना मरेगा
या फिर वो जो मेरे दल का है तब बहूंगा
वरना मुझे कहां फुरसत है
की में ऐरो गैरों के लिए बहूं।

एक दिन सब बिखर जाता है
न सांस रहती है
न आस रहती है
न कोई पास रहता है
न विश्वास रहता है
दूसरे के लिए मरना
दूसरे पे मरना एक ही बात है

मगर आज के नेता ये कहां समझते है
वोट मांगो और अगर जीत जाओ
तो पांच साल के लिए भूल जाओ
और अगर हार गए तो कोसते कोसते

पांच साल गुजार दो
फिर वोट मांगने जाओ तो
विरोधियों की कमी निकाल निकाल कर
वोटरों को अधमरा कर दो
अधमरा हो जाए तो उसे
मार दो और मर जाए तो उसके नाम पर
दो आंसू बहाओ और उसे भूल जाओ

ये कहानी है उन कमजोर, स्वार्थी
और लापरवाह नेताओं की
जो अपने स्वार्थ के लिए आंसू बहाते है
पैसा कमाने के लिए झूठ बोलते है
नाम कमाने के लिए किसी को कुचलते है

अभी नेता बनते है
और जब बन जाते है
तो कर्तव्य भूल जाते है
वादे भूल जाते है
देश भूल जाते है
सामाजिकता
व्यवहारिकता
सांसारिकता
सब भूल जाते है
याद रहती है तो सिर्फ कुर्सी ।

७१. रास्तों में प्यार है

राजेश के रास्तों में प्यार है,
दिखाता वही परवरदिगार है ।

लोग आकर हमसे टकराते है,
वो हमको गर्म जोशी दिखाते है,
ऐसे ही तो चलता ये व्यापार है ।

शब्दो में बस अपनापन झलकता है,
वहीं से प्यार का लावा पिघलता है,
रोम रोम ऐसे शब्दों की भरमार है ।

नसीब से ही चाहत भी संवरती है,
आकाश से उड़ती परी मिलती है,
क्षणों में फैलती प्यार की बयार है ।
प्यार से हर कोई देखता है जी भर,
शांति से आ जाता है दिल खोलकर,
पग पग फैलती जाती बहार है ।

९२. नाम तुम्हारे कर दूँगा

तुम मांग लो जो मांगना है तुमको,
में सर्वत्र नाम तुम्हारे कर दूंगा ।
में जी लूंगा एक पात खाकर भी,
सारे सितारे नाम तुम्हारे कर दूंगा ।

तुम गंगा जल सी पावन हो प्रिय,
तुम झरने सी मनभावन हो प्रिय ।
मेरे ख्यालों की रूह में बसती हो,
मैं तारों को नाम तुम्हारे कर दूंगा ।

मैं क्या करूँ तुम्हारे लिए बता दो,
मैं क्या सोचूं तुम्हारे लिए बता दो ।
मैं तुमको भुलाऊँ ये मुमकिन नहीं है,
ये प्यार है इसे तेरे हवाले कर दूंगा ।

तुम पर कोई आंच न आए देखूंगा,
सारा जग बैरी न हो जाए देखूंगा ।
सोच सोच कर मैं बहुत डरता हूँ,
इजहार के पल नाम तुम्हारे कर दूंगा

९३. अपना मिलना दूभर है

अपना मिलना तो दूभर है
मैं कैसे मिलने आ पाऊंगा,
छोड़ के सारे रिश्ते नाते
मैं कैसे प्यार निभाऊंगा,
पर मैं मिलने तुमसे आऊंगा।

तुमको अपनी पड़ी है पर
तेरे मेरा मिलना है दूभर,
एक हाथ से तुझे उठाकर
रात का सपना बनाऊंगा,
पर मिलने तुमसे आऊंगा।

लाख ज़माना कहे कुछ भी
प्यार को हिम्मत दिलाऊंगा,
तुमको पाने भाग भाग कर
में कहीं भी आ जाऊंगा,
पर मिलने तुमसे आऊंगा।

लाख बंदिशें लगा दे कोई
में तोड़ जंजीरें आ जाऊंगा,
कोई भी मेरे राह में आए
पुरजोर विरोध दर्शाऊंगा,
पर मिलने तुमसे आऊंगा।

५४ तुम सखी हो

तुम सखी हो एक परी सी दिखती हो
मुझसे सारे सुख दुख कहती हो,
बिल्कुल मुझे सखी सी लगती हो ।।

समय नही है अनुकूल जहां भी बिखराव और भटकाव सा है,
सारे विश्व में असमता सी है तो भी तुम दुख सहती हो ।।

मेरे अंतर्मन में शिक्षक बनकर, तुम बहुत कुछ सिखाती हो,
वक्त नहीं दूर दूर रहने का, तुम ही हो जो राह दिखारी हो ।।

तुम मुस्कुराती हुई गुलाब सी, फूलों पर शबनम बरसाती हो
तुम समय की पालक हो, तुम ठहराव की सीमा दिखाती हो ।।

अब रात में चाँद सी अनुभूति हो, तुम नयनों से नींदें उड़ाती हो
मेरे सुख दुःख की साथी बन, मेरी प्रेरणा का बोध कराती हो ।।

५५. थके पाँव

थके पांव घट घट भटका
मिली ना कोई भी छांव ।
लै डंडा किस्मत पे मारा
आव ना देखा ताव ।

जो कह दिया सो कह दिया
रखा ना मन में कोई भाव ।
मति मेरी यदि मारी न जाती
जा बैठते अपने गांव ।

यूं तो समेट लाए हर चीज
घर सिवा कुछ बचा नही ।
दौड़ रहा था शहर तेजी से
धूमिल हो गई छांव ।
कहीं कोई बदलाव दिखा न
शहर का था उजड़ा सा रूप ।
विकास का कण था नहीं
रुक गई चाल थक गए पाव ।

५६. मैं कैसा दिखता हूँ

तुम्हें में कैसा दिखता हूँ !

प्यार के शब्द शब्द गढ़ता हूं
में समर्पण की भाषा लिखता है,
में तेरे जज़्बातों की कद्र करता हूं
फिर भी में तुम्हें कैसा दिखता हूं !

में मंदिर में तेरी पूजा करता हूं
हर फूल में तेरा चेहरा देखता हूं,
में तेरे अधरो की भांति खिलता हूं
फिर भी में तुम्हें कैसा दिखता हूं !

जब तन मन से मुरझा जाता हूं
जब अकेले में में घबरा जाता हूं,
तब तेरा नाम लेकर सो जाता हूं
फिर भी में तुम्हें कैसा दिखता हूं !

९७. मुझे अपना बना लो

मुझे अपना बना लो ।
एक एहसास जगा लो !

महफ़िल सूनी लगती है
तेरी कमी अब खलती है
तेरी गोद में सोने को दिल करता है
मुझे अपनी सांस बना लो ।।

हर दिन लगता है चांदनी सा
हर शब्द लगता है रागनी सा
तेरे बिना घर सूना सूना सा लगता है
मेरा घर अपना बना लो ।।

हर पल तेरे दीदार को तरसता है
हर पल तेरे प्यार की लालसा है
तुझे भूल पाना मुश्किल सा लगता है
मुझे राहों का फूल बना लो ।।

याद तुम्हारी दिल को आती रहेगी
मिलन के सपने सजाती रहेगी
दूर ना करना मुझे ए मुझे समसफर
मुझे अपने केशों में सजा लो ।।

५८. कुछ नए प्रसंग

कुछ नए पुराने प्रसंग भुला दें,
चलो, कोई नई दुनिया बसा लो ।

होगी कामना पूरी सबकी इस दिवाली,
घर भर जाएं खुशियां सारी इस दीवाली,
होगी नही दिशा भ्रमित किसी की भी,
लेकर लाखों दीपक द्वार द्वार सजा लो ।

उजाला करती और दूर करती अंधियारा,
सुख का ताना बाना लिख जाती कारा,
देखो नभ ने भी बना ली छवि न्यारी,
चलो खुशियों के संग दिवाली मना लो ।

हर घर बाहर और भीतर से सजा रहे
छज्जों में, छतों में उजाला बना रहे,
पर्वतों से लेकर किनारों किनारों तक
धरती अंबर की काया पूरी सजा लो ।

५९. कैसे करें सफर

कैसे करे सफर
अंधेरी रात का सफर
हम नहीं
तुम नहीं
और जिंदगी भी नहीं
चाहती डर ।
रात का सफर।

अंधेरे में पकड़ा
हाथ उजाले जा
बरसों पुरानी दूरी
मिटा दी
आज मित्रता की
नई कहानी बना दी
अब शुरू हो
चला है असर ।

नई ऊर्जा आ रही है
नए सपने ला रही है
दुबक बैठे है जो
उनके भी सितारे
बुलंदियों पर उठ रहे है
किसी डगर ।

मनुष्यों को उनकी
जिंदगी जीने दो
कीड़े मकोड़ों को
उनका कर्म फल भुगतने दो
मेरी मानो
तुम अपनी रणनीति
बदलो
मौसम की तरह ।

ये सियासत
ये बगावत
कोई खिलौना नहीं है
नींद के और
सपनों के बीच
का कोई बिचोना नहीं है
अभी देखना है
दोपहर !

६०. व्याकुल मन

मैं, व्याकुल मन को अब समझाऊँ कैसे ।
बोझ तिमिर का पसरा हुआ हटाऊँ कैसे ।।

शून्य है जन्म इसका शून्य है अंत इसका,
ऐसा अंधियारा मिला अंत नहीं है जिसका,
नई एक राह अब भला पाऊँ तो पाऊँ कैसे ।

सोई साँसों का बना एक है बस सन्नाटा,
तिमिर के व्रत ने मेरा उजला पथ जो काटा,
जलता रहा आग में, बुझाऊँ तो बुझाऊँ कैसे ।

मिलन की आस में हर पल यहाँ पर तड़पा हूँ,
विरह की आग में गिर-गिर के यहाँ उलझा हूँ,
सवेरा मिल ना सका इसे पाऊँ तो पाऊँ कैसे ।

६१. खुद को तलाश करो

खुद में खुद को आज तलाश करले
कल दुनिया से रुखसत हो जायेगा,
सवालो का कोई तो जवाब ढूंढ ले
कल दुनिया से रुखसत हो जायेगा ।

धन दौलत कुछ काम ना आएगी
इस चक्कर में मति मारी जाएगी,
खाली हाथ रहेगा तो सुखी रहेगा
वरना नीयत खराब हो जाएगी,
घर का रहेगा न घाट का रहेगा ।

खुद को बदल ले सलाह है हमारी
किस्मत कहाँ ले जाएगी कैसे जानोगे
जीवन के असरदार रंगों को देखो
कौन सा रंग कब चढ़ेगा पता न चलेगा,
अच्छा रहेगा तू भी सम्भल जायेगा ।

किस्मत न बदले तो ना बदले तेरी
जिंदगी को कुछ अलग से बदल ले,
नाम लेगी दुनिया अपनी जुबान से
बस अपना रास्ता खुद से बदल ले,
जाग जा अब सोना काम न आयेगा ।

विश्वास की डगर कभी भूल न जाना
अपने आप पर तू विश्वास रखना,
कल दुनिया पूछेगी तुझसे सवाल एक
सवाल का जवाब भी तैयार रखना,
जिद से कुछ ना तूं कर पायेगा।
कल दुनिया से रुखसत हो जाएगा

६२. तेरी मेरी जोड़ी

है ये तेरी मेरी जोड़ी,
कभी मीठी कभी खट्टी,
कभी फीकी थोड़ी थोड़ी ।।

कभी ना मिलता मन,
कभी न मिलता तन,
कभी अनमना सा जीवन,
फिर भी तो दौड़ रही है जैसे घोड़ी ।।

मेरे सात सुर और तेरे सात रंग है,
सात जन्मों का जैसे सच में संग है,
ऐसी ही लय बनी रहे अपनी,
कितना भी तोड़ो ये ना जाए तोड़ी ।।

वादियों की धुंध और बागों की सुगंध है,
हर कली फूल है हर डाली अनुबंध है,
चारों ओर महक ही महक फैली है,
चाह जीवन की अपनी है निगोडी ।।

ना कोई दूरी है और न मजबूरी
ना धन दौलत की चाहत ही है,
महसूस होता है रिश्तों में
आज ये दिल में भी जीवित है,
ये पागल सी मोहब्बत हमारी
और ये मेरी तेरी जोड़ी ।।

६३. अंधेरा मिट जाएगा

मैं जहां भी रहूँगा वहाँ अंधेरा मिट जायेगा
जीवन परिभाषा बदलेगी और परिदृश्य बदलेगा,
अराजकता का भी साम्राज्य सिमट जायेगा ।।

पाषाणों से काई हटाकर हरी हरी घास उगाऊंगा,
मरुधरा को मिलाकर एक मार्ग नवीन बनाऊंगा,
शंकाओं को मिटाकर एक नया अध्याय बनाऊंगा ।

सबके विश्वास से एक नया अध्याय बनाऊँगा,
शंकाओं का सागर लांघकर, सरगम बन जाऊंगा
एक नहीं दो नहीं हज़ार स्वप्न सच कराऊंगा ।
जहां भी जाऊंगा धरती और अम्बर फिर सजाऊँगा
एक जुट कर नई सपनों की दुनिया भी बनाऊँगा
दीपों की रोशनी से जग को जगमगा जाऊंगा ।

६४. ऐसा धर्म नहीं स्वीकार मुझे

ऐसा धर्म नहीं स्वीकार मुझे !

बांध दे हाथों में हथकड़ियां,
और पांव में बांध दे बेड़ियां,
ऐसा धर्म नहीं स्वीकार मुझे !

अलबत्ता मैं जहां भी गया,
रास ना आई मुझे वो माया,
रास रंग में लिप्त पड़े सब,
घूमिल सी हो गई थी काया,
ऐसे तो मानव थे ही नहीं ।
अब रहा नहीं ऐतबार मुझे ।।

मन को बांधा तन को बांधा,
जीवन को बांधा मृत्यु को बाँधा,
धाम चारों की कर परिक्रमा,
विचारों के सागर को बांधा,
किया नाम बदनाम प्रभु का,
अच्छा लगा नहीं व्यवहार मुझे ।

हर समय जब सियासत ही हो,
देह को देने पीड़ा की बात हो,
पत्थरों को भोग खिलाया जाए,
पीछे से उन पर भी घात हो,

ऐसे समाज की इस संरचना में,
नहीं चाहिए अधिकार मुझे।

मैं तत्पर था कि कुछ करूंगा,
समाज के नाम पर भरूंगा,
मेरा विचार सब उल्टा निकला,
मेरी आत्मा को तैयार करूंगा,
मेरी भावनाएं कुचल सी गई है,
ऐसे पल नहीं स्वीकार मुझे।

कहते है समाज समाज न रहा,
किसी का व्यवहार व्यवहार न रहा,
शूल से चुभ रहे शब्द हर किसी के,
धर्म का कोई उद्धारक न रहा,
जन्म जन्मांतर तक बना संबंध,
ऐसा संबंध लगे दुष्प्रचार मुझे।

६९. सफल हो गए काम

सफल हो गए सारे काम,
आज अयोध्या पधारे राम।
हो गए छल कपट निष्काम,
आज अयोध्या पधारे राम ।

श्री राम की नगरी है सजाई,
बरसों की मेहनत है रंग लाई।
जनवरी को थी भीड़ भारी,
अयोध्या लगे बस स्वर्ण सी।
अच्छा होगा इसका परिणाम ।
आज ।।

सफल ५० दशकों की साधना,
पूरी हुई राम भक्तों की कामना ।
खुश है सब नही कोई अचरज,
बड़े दयालु कृपालु है राम आज ।
तैयार हो गया अयोध्या धाम ।
आज ।।

खत्म प्रतीक्षा भव्य दिन है आज,
ध्वज झूम रहा सजा हुआ है द्वार।
हर्षित हृदय, मस्त है संत योगी,
सबके समक्ष मूर्ति स्थापित होगी।
मनेगी दीवाली आज सरयू धाम ।
आज ।।

विश्व राममय, देखो जी भरकर,
सब जन झूम रहे जला दीप अमर।
स्वर्ण अक्षरों में,दिन लिखा जाएगा,
सबके मुख जब राम नाम गाएगा।
प्रफुल्लित है हृदय जुबां पे है राम।
आज ।।

६६. मुझे विश्वास दिला दो

तुम मुझे विश्वास दिला दो और खोई आस जगा दो,
वचन मैं तुमको देता हूं मैं सत्य परिभाषित कर दूंगा,
तन मन में राष्ट्र का जयघोष भर दूंगा ।।

जो फेंक पत्थर हंसते हैं वो रोटी रोटी तरसते है,
जो हुक्का पानी भरते है जो मंजिल से फिसलते है,
जो मार्ग में फैले पुष्पों को पैरों तले कुचलते है,
मैं ऐसे मानव का अंग भंग कर दूंगा ।।

अलगावों से आग छाती की जब सुलगने लगती है,
हरियाली के दामन में हर डाली झुलसने लगती है,
अबला की सिसकियों के आंसू रोक पाना कठिन हो,
ऐसे संबंधों की आंच को भस्म कर दूंगा ।।

जिसका राज तिलक किया घात वही कर गया मुझसे,
अलगाव से आग की लपटें भी सुलगता गया मुझमें,
ढूंढ सको तो हर माटी मैं हम सोना ढूंढ के लाएं,
सन्नाटे को चीर कर मैं संगीत भर दूंगा ।।

साहस इतना भर दो कि दुश्मन भी पास ना आए,
लाठी डंडे कर इकट्ठा कि चूं भी वो न कर पाए,
नष्ट समय मत करो वत्स कि जीवन निडर जीना है,
धरती सींची है इसे दाग न लगने दूंगा ।।

६७. तुम मेरा श्रंगार हो

तुम मेरा श्रंगार हो !
तुम्ही झूला तुम्ही राग मल्हार हो
तुम मेरा शृंगार हो ।

जब जब जहां में आती हूँ,
तब तब तुम को पाती हूँ,
मेरे ख्वाब हंसी हो जाते हैं,
मैं सोते सोते मुस्काती हूं,
तुम सपनों के राज कुंवर मेरा संस्कार हो,
तुम मेरा श्रंगार हो ।

मौसम में पंछियों सा चहकूं मैं,
मकरंद बनूँ और महकूँ मैं,
एक नशा अजीब सा होता है,
खुद को थामूं कर बहकूं मै,
मेरी बगिया की बहार हो,
तुम मेरा श्रंगार हो ।

बदली में चांद जब छुपता है,
दिल रोके ना रुकता है,
मैं सिहर सिहर जाती हूं,
जब दीप कहीं पर बुझता है,
मेरी चाहत मेरा दुलार हो,
तुम मेरा श्रंगार हो ।

मेरे जन्म जन्म का प्यार हो,
तुम मेरा श्रंगार हो,
तुम्ही झूला तुम्ही मल्हार हो,
तुम मेरा श्रंगार हो ।

६८. बांधी है डोर

बांधी है जिससे मेरे जीवन की डोर,
वो बंधन हो तुम ।

तेरे प्यार के बिना, फ़ीका फीका सा लगे, मुझको जीवन सारा,
दिल के गगन पर, तू मेघा बन कर बरसे, ऐसा सावन हो तुम ।

पायल की छन-छन और कंगन की खन-खन से खनकता है आंगन
तेरे रूप के श्रृंगार से, चमकती हो चांदनी सी वो कंगन हो तुम।

तेरे प्यार में पागल होकर गाता हूँ गीत मैं सुबह से शाम तक,
प्यार की खुशबू से महकता है तेरा तन बदन वो चंदन हो तुम ।

जब जब देखूँ खिड़की से तुमको दिखती है बस सूरत तुम्हारी
तेरे दर्पण में सजी हुई तुम, ऐसा दर्पण की मूरत हो तुम ।

६९. सरकार को खबर नहीं

ये सरकार को खबर नही
गड्डे भरे कि नही
पूल बने के नहीं
सड़कें बनी की नही
रास्तों पे जाम कैसा है
शहर का हाल कैसा है
सरकार को खबर नहीं !

दिन दिन भर आदमी
जूझता है भीड़ से
सुबह से शाम तक
शाम से सुबह तक
यातायात की उलझन में
उलझा रहता है आदमी
ये सरकार को खबर नहीं !

कही मेट्रो की खुदाई
कही पुल की चढ़ाई
कहीं ट्रकों की लाइन
रास्ते तितर बितर
कैसे जाएं दफ्तर
ये सरकार को खबर नहीं !

बुरा हाल है
सड़कों और चौराहों का
बड़े बड़े चौराहों
बड़ी बड़ी मूर्तियां
खंभों पे बल्ब नही
रोक रखी है आवाजाही
ये सरकार को खबर नहीं !

सिग्नल कहीं रास्तों में
चक्का जाम बरसाते में
सिमट रहे सब छातों में
फंस गए सब बातों में
सरकार ने लगा दिया
टैक्स पे टैक्स यहीं
ये सरकार को खबर नहीं !

७०. तन्हा तन्हा जीता हूँ

मैं तन्हा तन्हा जीता हूं,
में तन्हा तन्हा मरता हूं,
में तन्हाई की बातों में,
दो घूंट जहर का पीता हूं।

शोर था इस शहर में इतना
रो रहा था ख़्वाबों का झूला,
धुंध धुंध गली गली थी
सारे घर में वो रची बसी थी,
मानो जीवन मृत सा हो था
सोच बेचारी मरी पड़ी थी,
क्या करूं मैं कैसे लड़ीं थी
अब मन को भी मारा करता हूं।

बंद आंखों के सपने थे
जो में देखा करता था,
आंख खोली तो तन्हाई थी
अलसाई-अलसाई थी,
भोर से ही बदली बदली सी
दोपहर तक उभर आई थी,
उड़ रहा था ख्वाबों का शहर
जिसमें हर रोज घूमा करता हूं।

घबराया मैं देख सन्नाटा
भूकंप सा था उजड़ा उजड़ा,
मन के बाहर बदली सी छाई
रात मुझे ना नींद आई,
सपने सारे चकना चूर हुए
एक पल भी ना राहत आई,
मौसम चाहे कितना भी रोले
सबको समेट लिया करता हूं ।

रिश्ते नाते सब बेकार हो गए
भरी दोपहरी सो से गए,
जो भी मिले शिकवे लिए
ढेर बातों की बारात लिए,
बनावटी बातों का शोर था
कोई इस ओर था कोई उस ओर था,
मैं उसूलों से पक्का इंसान हूं
मैं सम्मान दिल में समेटा करता हूं ।

७१. हमें प्रेम कितना है

हम क्या बताएं कि प्रेम कितना है
समुन्दर की गहराई जितना है,
तुमसे मिलने की चाहत है मुझे
अब तुमसे मिलने आऊंगा ।

समय उचित नहीं आने का,
कभी कभी मन तरसता है,
वादियों से थोड़ा सहयोग मांगूंगा,
थोड़ा विश्वास रखो मन कहता है,
तूमे धीरज रखो जरा
हर हाल में वहीं आऊँगा ।

चेहरा खिला खिला था तुम्हारा
जब लटो ने इसको छुपाया था,
किरण किरण उजियारी थी तब
किरणों ने ही तुम्हें सजाया था,
तुम मौन थी हम बेचैन
आकर धरती पर किरण सजाऊंगा ।

चांदनी कही लुप्त है सूर्य सदा तेज है,
कोहरे से बने मेघों का साया है,
अदृश्य तारों का टिमटिमाना नभ पर,
समय पर ग्रहण सा लगाया है,

मुझ पर भरोसा रखो तुम
चीर कर दीवार ग्रहण की आऊंगा।

चेहरे पर खिलेगा नूर तुम देखना
जब भी होगा तेरा मेरा मिलन,
तुम्हारे रुखसार पे दो छंद लिखूंगा,
जब भी प्रेम तेरा करेगा यकीन,
वसुधा पर तेरा नाम लिख
प्रीत की धुन भी गुनगुनाऊंगा।

७२. मैं बेबस हूँ

मैं बेरस हूँ, बेरंग हूँ मैं, माना मुझमे कोई ढंग नहीं
अब तक जो बाते हुई प्रिये, उनमे था कोई रंग नहीं ।।

समय है उन बातों का, जो जीवन मे रंग लाये,
तेरे मेरे बीच बनी थी दूरी उस का जो हल आए
सोच रहे हो क्या तुम, मुझको ये कैसे पता चले,
संकेत अगर मिल जाये, तो आगे की डगर मिले ।
कुछ स्वप्न सुहाने देखे हैं मेरी इन आँखों ने भी
पर जटिल तुम्हारी छवि इतनी, रति की गति नहीं
कभी-कभी लगता है जैसे, तेरा मेरा कोई संग नहीं,
अब तक जो बातें हुईं प्रिये उनमे था कोई रंग नहीं ।।

कभी-कभी जब देख के मुझको तुम ऐसे मुस्काती थीं
अपनी सजीली अँखियों से जब तीखे बाण चलाती थीं
हिम्मत कर आगे बढ़ना प्रिय माना की सत्ता लोभी है
जो पा ना सकीं इस जन्म वो मेरी ही कमजोरी है
बीत रही है मुझ पर क्या जानो पथिक की कठिनाई
अपनी जुल्फों को बिखराकर, बलखाती हो ऐसे जब
हिम्मत कर आगे बढ़ो माना कि रस्ता तंग सही
अब तक जो बातें हुई प्रिये, उनमे था कोई रंग नहीं ।।

७३. तुमसे मिलने आएंगे

धरती, तारे और गगन
कोहरे है बादलों में लीन और मगन ।
जब अदृश्य तारे टिमटिमाएँगे,
हम तुमसे मिलने आएँगे ।

सूरज कहीं लुप्त, है छाया ग्रहण,
बिना अग्नि के जैसे कोई दहन ।
सूरज जब धरती को आलिंगन कराएंगे
हम तुमसे मिलने आएँगे ।

माना कि वक़्त है थोड़ा कठिन,
रखो तुम मुझपर थोड़ा यकीन ।
लक्ष्य भी खुद को राह दिखाएंगे,
हम तुमसे मिलने आएँगे ।

चेहरे पर दिखेगा सूरज सा
जिस रोज़ होगा अपना मिलन ।
उसी दिन कोई गीत पर गुनगुनायेंगे,
हम तुमको वहीं अपनाएँगे ।।

७४. कुछ मुश्किल नहीं है

कुछ मुश्किल नहीं है
हम सब कर सकते हैं
बस मंजिल को देखना
जैसे भी हो सके
धीरे से कदम उठाना है
आगे हमें रख देना है ।

शुरुआत है, अटपटा लगेगा
लोग क्या कहेंगे, यही घूमेगा
कुछ नहीं है सोचना
कुछ नहीं है बोलना
बस मंजिल को देखना
जैसे भी हो सके
धीरे से कदम उठाना है
आगे हमें रख देना है ।

दूसरों का तो छोड़ो
अपने भी छोड़ देंगे
अपनो को भी छोड़ो
शरीर साथ न देगा
बस मंजिल को देखना
जैसे भी हो सके
धीरे से कदम उठाना है
आगे हमें रख देना है ।

एक कतार में बढ़ते
चींटियों के झुंड को देखो
शाम को आसमान में
उड़ते पक्षियों के झुंड को देखो
और कुछ नहीं देखना
बस मंजिल को देखना
जैसे भी हो सके
धीरे से कदम उठाना है
आगे हमें रख देना है ।

हार भी तुम्हारी होगी
जीत भी तुम्हारी होगी
गम के आंसू तुम्हारे होंगे
जीत के आंसू भी तुम्हारे होंगे
कुछ नहीं है करना बस
आगे बढ़ने की कोशिश करना
जमीन भी तुम्हारा होगा
आसमान भी तुम्हारा होगा
उसपर चमकता वो सितारा भी
सिर्फ और सिर्फ तुम्हारा होगा
अब वक्त है बस कदम बढ़ाना है
आगे हमें रख देना है ।

कुछ मुश्किल नहीं है
हम सब कर सकते हैं
बस मंजिल को देखना
जैसे भी हो सके धीरे से कदम उठाना है
आगे हमें रख देना है ।

७९. प्रेम कितना है हमें

हम क्या बताएं कि प्रेम कितना है,
समुन्दर की गहराई जितना है ।
तुमसे मिलने की प्रतीक्षा है मुझे,
अब बस तुमसे मिलने आऊंगा मैं ।

समय नहीं उचित आने का अभी
कभी कभी मन तरसता रहता है आई
वादियों से थोड़ा सहयोग मांगूंगा
थोड़ा विश्वास रखो मन कहता है ।
जिस हाल में ही सही
उस हाल में स्वयं को बहलाऊंगा मैं ।

चेहरा खिला खिला था तुम्हारा भी,
जब लटो ने इसको छुपाया था ।
किरण किरण उजियारी थी तब भी
किरणों ने ही तुम्हें सजाया था ।
तुम मौन थी हम बेचैन
आकर धरा पर किरण सजाऊंगा मैं ।

चांदनी कही लुप्त है सूर्य सदा तेज है,
कोहरे से बने मेघों का साया है ।
अदृश्य तारों का टिमटिमाना नभ पर,
समय पर ग्रहण सा लगाया है ।
मुझ पर भरोसा रखो तुम
चीर कर दीवार ग्रहण की आऊंगा मैं ।

चेहरे पर खिलेगा नूर तुम देखना ,
जब भी होगा तेरा मेरा मिलन ।
तुम्हारे रुखसार पे दो चार छंद लिखूंगा,
जब भी प्रेम तेरा करेगा यकीन ।
वसुधा पर तेरा नाम लिख
प्रीत की धुन तेरे कानों गुनगुनाऊंगा मैं ।

७६. एक दीपावली प्रयास की

एक दीपक आस का
एक दीपक विश्वास का
एक दीपक प्रयास का
एक दीपक विकास का

एक दीपक कर्म का
एक दीपक धर्म का
एक दीपक प्रेम का
एक दीपक शांति का

एक दीपक मानवता का
एक दीपक अहिंसा का
एक दीपक सामंजस्य का
एक दीपक सुख का

एक दीपक मुस्कुराहट का
एक दीपक स्वास्थ का
एक दीपक भावनाओं का
एक दीपक आशीर्वाद का

एक दीपक ज्ञान का
एक दीपक सम्मान का
एक दीपक मान का
एक दीपक विज्ञान का

एक दीपक सेवा का
एक दीपक मर्यादा का
एक दीपक विकास का
एक दीपक अमृत का ।।

७७. मोदी एक व्यक्तित्व

मोदी एक फकीर है,
देश की तकदीर है ।।

जो भी सोचता है वो,
वही करता है वो ।
सशक्तता भरी इनमें,
भरा अपनत्व जिनमें ।
सागर लिए छाती पर,
ऐसे साहस के दम पर ।
हर समय अधीर है ।।

शून्य से शिखर तक,
एक पुरुष ऐसा भी है ।
ईमानदार सी छवि भी,
है सबको ये पसंद भी ।
देश नही झुकने देगा,
देश नही बिकने देगा ।
खींची ऐसी लकीर है ।।

हांशिये पर लाकर रखा है
विरोधी जो इनसे खफा है
चूं भी ना निकलती अब
वे बेताज बादशाह थे जब

उगलियों पर नाच रहे है
बात इनकी ही मान रहे है
चुभ रहा बातों का तीर है ।।

लारे लप्पे कुछ देता नही
किसी से कुछ लेता नहीं
धूल चटाई विरोधियों की
की नाक में दम सभी की
एक पल भी वो सोता नहीं
एक पल भी वो रुकता नहीं
सागर से निकला समीर है

जो जी में आता कह जाता
अपने पराए से खूब निभाता
दर्द में साथ साथ है सभी के
किनारे लाता है नाव खींच के
विश्व में उजला चरित्र बनाया
विश्व भारत का डंका बजाया
अटल है, अजेय है, वो वीर है ।

७८. तुम मांग लो जो मांगना है तुमको

में जीवन सर्वत्र नाम तुम्हारे कर दूंगा ।
में तो जी लूंगा एक पात खाकर भी,
सारे सितारे नाम तुम्हारे कर दूंगा ।

तुम गंगा जल सी पावन हो प्रिय,
तुम झरने सी मनभावन हो प्रिय ।
मेरे ख्यालों की रूह में बसी हो तुम,
मैं तारों को भी नाम तुम्हारे कर दूंगा ।

मैं क्या करूँ तुम्हारे लिए बता दो,
मैं क्या सोचूं तुम्हारे लिए बता दो ।
मैं तुमको भुलाऊँ ये मुमकिन नहीं है,
ये प्यार है इसे तेरे हवाले कर दूंगा ।

तुम पर कोई आंच न आए देखूंगा,
सारा जग बैरी न हो जाए देखूंगा ।
सोच सोच कर मैं बहुत डरता हूँ,
खुशी के पल नाम तुम्हारे कर दूंगा ।